Hallo, Westi?

Rainer Nikowitz

Hallo, Westi?

Schwarz-blaue Satiren

Perlen-Reihe
bei Deuticke

Vorwort
Christian Seiler

Ich darf mich an dieser Stelle nur deshalb wichtig machen, weil ich an der Entstehung dieses Buches nicht ganz unbeteiligt bin. Das klingt nach mehr, als eigentlich war, denn ich habe während meiner Amtszeit als Chefredakteur des profil nicht viel mehr unternommen als hie und da nach lustigen Beiträgen zu rufen, und als an einem nebligen Freitagnachmittag plötzlich eine Glosse zur Ansicht auf meinem Schreibtisch lag, die ich nicht einmal unserem damaligen Konkurrenzblatt »Format« als lustig zugemutet hätte, rief ich in der Not den Nikowitz an: »Burschi, 40 Zeilen für die Österreich-Kurz, bitte lustig, und zwar in einer Dreiviertelstunde.«

Nikowitz antwortete darauf weder mit ja noch mit nein, sondern mit aha, und während ich noch scharf darüber nachdachte, ob er genau verstanden hatte, wie dringend ich den Beitrag brauchte, weil Redaktionsschluss und weiße Flecken auf der Seite und alle, die den Griffel halten können, im Urlaub, schlurfte er schon mit der ihm eigenen, freundlichen Langsamkeit in mein Büro, tat so, als erinnerte er sich nicht an das strikte Rauchverbot, und ließ mir mit elegantem Schwung aus der Schulter nicht nur die Asche seiner Zigarette, sondern auch den Text seiner – wie sich später zeigen sollte – ersten Kolumne auf den Tisch gleiten, damals noch ein durchgeschriebener, aber bereits pointensicherer und ernsthaft gemeiner Minikommentar.

Ich las. Nikowitz stand schräg hinter mir, schwarze Jeans, schwarzes T-Shirt mit dem rätselhaften

Emblem einer später ausgehobenen und lebenslang eingekerkerten satanistischen Sekte, schwarze Ringe unter den Augen, die Hände in den Hosentaschen, die Mundwinkel ein bisschen was unter waagrecht. Ich hätte schon ein- oder zweimal lachen müssen, aber ich unterdrückte den Reiz, weil ich wollte dem Kerl nicht zu viel Triumph gönnen, wenn er schon so kokett neben mir stand und auf meine Lacher spitzte.

»Gut«, sagte ich. »Danke.«
»Gut?«, fragte er. »Nur gut?«
»Nein, eh super«, sagte ich.
»Warum hast dann nicht gelacht?«, fragte er.
»Weil ich dich erziehen muss«, sagte ich. »Herzlichen Dank, nächste Woche wieder. Dann lach ich.«

Er ging aus dem Zimmer und sagte prophetisch: »Aus dir wird nie was.«

Soweit ich mich erinnern kann, war Herr Nikowitz ab dem darauffolgenden Montag, als das profil erschien, ein Star. Zuerst ein kleiner Star, dann fiel ihm ein, dass er aus der Glosse bei Bedarf auch einen fingierten Dialog machen könnte. Von da an plauderten auf der Österreich-Kurz-Seite des profil die Wichtigen und die ganz Wichtigen des Landes miteinander, und zwar so, wie es sich der Herr Nikowitz ausdachte, und dann war er schon ein mittlerer Star. Ein großer Star wird er dann, wenn seine Kolumnen als Buch erscheinen und sein früherer Chef ihm für Gottes Lohn ein Vorwort schreibt, damit er auch ein bisschen vom Glanz seines langjährigen Kollegen abkriegt.

Weil der Herr Nikowitz ist wirklich lustig. Es passierte nicht nur einmal, dass ich seine Kolumne gegenlas und so lachen musste, dass meine Kollegen in die Chefredaktion gelockt wurden und riefen:

»Gib mir den Niko«. Dass nicht nur wir über die decouvrierenden, großer Sachkenntnis entspringenden Scherze lachen konnten, sondern auch die, auf deren Rücken sie ausgetragen wurden, teilten uns honorige Herrschaften wie ÖVP-Klubchef Andreas Khol persönlich mit. Khol selbst gab bei einer Blattkritik zu, als ersten Beitrag im brandneuen profil stets den Text des Herrn Nikowski zu lesen (das war noch, bevor Nikowitz ein ganz großer Star war). Aus den Parlamentsklubs war zu vernehmen, dass die klammheimliche Freude bei vielen Hinterbänklern zu Festtagsstimmung am Montagvormittag führte, wenn Nikowitz wieder einmal den Lauschangriff auf Westi & Co. unternommen hatte.

Das endgültige Adelsprädikat bekam Nikowitz allerdings erst verliehen, als er für einen seiner Dialoge geklagt wurde. Die Betroffenen fanden, was sie da lasen, zu wahr, um darüber lachen zu können. Dieses Lachen nahm ihnen dann der Presserichter ab, weil Achtung, Satire, meine Herrschaften, nehmen Sie sich doch nicht gar so ernst.

Also endlich. Jetzt ist das Buch da. Ein kleines Geschichtsbuch der schwarz-blauen Koalition von so weit innen, dass auch die Beteiligten dabei was über sich selbst lernen können. Dokumente von einer diabolischen Wahrhaftigkeit, samt so unwiderstehlich angetragen Scherzen, dass ich wette, selbst Herrn Westi kommt hie und da ein Lacher aus, wenn auch vielleicht eher bei den Jörg-Haider-Kolumnen, und, klar, eh nur daheim, wo's keiner sieht, außer vielleicht dem Herrn Nikowitz.

13. 3. 2000
Hallo, Westi?

Ein lustiger Landeshauptmann beim letzten
Pointen-Check vor dem Aschermittwoch

Jo, servas, i bins, dei einfoches Parteimitglied, höhö. Du, hurch, i sitz do grod no an de letzten Wuchteln, waaßt eh, fürn Oschermittwoch. Wos gfollt dir bessa, waun i sog, der Häupl is mehr braat ois hoch oder afoch der Häupl is a blade Sau? Wos? Wieso kaun i des so net sogn? Maanst? Der Wiener Bürgermeister hat das Problem, dass mit der rapiden Zunahme seines Körpergewichtes die geistige Reife nicht mithalten konnte? Heast, des ist guat. Richtig elegant. Du kaunst eigentli gonz sche guat Deitsch für an Tschuschen. Geh bitte, des wor a Witz. Sei net glei immer so angrührt. Bist a Roter, oder wos?

Apropos, zum Gusenbauer sog i Gruselbauer. Ha! Des wird eana taugen, denan bsoffenen Surm do in Ried oben. Und dass er mit Haumma und Sichl frisst stott mit Messa und Gobl, do werns übahaupt auszuckn. Naa, bein Schirak bin i ma no net sicha. Zerscht wollt i sogn, dass es jo ka Wunder is, dass a Franzos de gaunze Zeit nur an Kas redt. Oba da Wolf Martin hat vorgschlagen: Aus Frankreich kommt manch guter Tropfen, in letzter Zeit doch auch viel Topfen. Findst bessa? Nau guat, schließlich samma a demokratische Partei. Nau schau, jetzt lachst ja wieder. Du, i muaß jetzt, gö! Haust du daun eh die Presseaussendung ausse, waun se de gaunzen Scheisser wieda aufregen, waaßt eh, so nicht gesagt, aus dem Zusammenhang gerissen, blabla, des Übliche hoit, gö? Servas, Westi!

27. 3. 2000
Binden verbindet!

Der neue Bundeskanzler vor seinem ersten EU-Gipfel als Regierungschef

»Benita! Beniiitaaa! Kommst amal? Ich bring das da net zsamm, Kruzitürkn, so a Schmarrn, ich hab das ja schon fuffzehn Jahr nimmer gemacht.« – »Komm

ja schon, komm ja schon, was ist denn ... aaaargh! Wie schaust denn aus, Wolfi, du ..., du ..., du hast auf einmal so viel Hals!« – »Hamma einen Clown gefrühstückt, was? Kannst du einen Krawattenknopf?« – »Sicher. Willst einen einfachen oder einen doppelten?« – »Keine Details. Einen Knopf.« – »Mei, jetzt sei halt net so nervös. Tu da nicht so umeinanderzappeln, halt dich. Was ist dir denn da wieder eingefallen? Wo ist das Mascherl mit den lila Schmetterlingen, das wir in der letzten Strategiesitzung ausgesucht haben?« – »Das hab ich daheim vergessen. Seit ich meine Koffer selber packen muss, ist das ein Wahnsinn. Ich glaub, ich hab den nationalen Schulterschlussentwurf draufgelegt, wenn ich jetzt genau drüber nachdenk. Aber mit Krawatte isses sowieso besser. Vielleicht kennens mich dann nicht gleich. Und wenn ich einmal eine Hand hab, lass ich sie einfach nicht mehr aus.« – »Außerdem haben ja alle sonst Krawatten. Binden verbindet, hihi.« – »Eh. Und? Wie schau ich aus?« – »Sehr fesch. Wie neu.« – »Das wirds auch brauchen. Also, gemma? Sonst verpass ma noch das Familienfoto. Und wenns mich schon drauflassen ...«

17. 4. 2000
Marias Woche

*Durch eine gezielte Indiskretion fiel uns der Filofax
von ÖVP-Generalsekretärin Maria Rauch-Kallat
in die Hände. Hier ihre bisher feststehenden
Vorhaben für diese Woche*

MONTAG: Schönes Halstuch kaufen. In einer Presseaussendung ein Ende der ungerechten und/oder überzogenen Sanktionen fordern und dass irgendwer in der EU irgendwas zurücknimmt.

DIENSTAG: Meinen Pflasterstein gießen. Vielleicht wächst er ja noch ein Stück. Wenn Wolfi nach dem Ministerrat wieder entspannter ist, sachte anfragen, ob sich nicht doch noch ein Mandat für mich auftreiben lässt.

MITTWOCH: Bekanntgeben, dass ich es leid bin, ständig irgendwas zum Haider sagen zu sollen.

DONNERSTAG: Schauen, wer von den Rotgrünen im Ausland war. Und sei es auch nur auf Urlaub. Sofort eine interessante Pressekonferenz zum Thema »Anti-Österreich-Partei vernadert schon wieder« machen. Termin aber vorher mit Peter abklären.

FREITAG: Den Haider-Sager der Woche verteidigen.

SAMSTAG: Noch schöneres Halstuch kaufen. In einer Presseaussendung betonen, wie zügig und ursuper die Koalition arbeitet.

SONNTAG: In der Kirche ein bissl frömmer schauen als letzten Sonntag. Eine Kerze für die wiederverheirateten Geschiedenen und eine für die Pharisäer anzünden. Nicht für Gerhart Bruckmann beten.

22. 4. 2000
Herr H. tritt aus

Wenn die EU ihn nicht mag, dann solle Österreich eben austreten, meint Jörg Haider. Guter Ansatz – aber alles kann das doch noch nicht gewesen sein ...

Und wenn wir schon dabei sind, liabä Freundä, sollten wir mit dem Austreten nicht auf halbem Weg haltmachen. Diese korrupte EU-Bande, deren einziges anständiges Mitglied wir Nettozahler sind, kann nur der Anfang sein. Ich fordere vom UNO-Sicherheitsrat ultimativ eine Verurteilung der Sanktionen gegen mich. Und sollten die nicht wollen, was, bitteschön, sollen wir dann noch dort? Wahrscheinlich werden sie nicht wollen, weil da sitzen die Froschfresser ja auch drin. Und die Chinesen, bei denen war der Gusenbauer sicher auch schon und hat den Platz des Himmlischen Friedens abgeschmust. Weiters fordere ich den roten Politgünstling Mauhart auf, von der FIFA die Wiedereinsetzung des israelischen Botschafters in Wien zu verlangen oder widrigenfalls eine Strafverifizierung der WM-Qualifikationsspiele gegen die Juden, die da unten gefälligst vor ihrer eigenen Tür kehren sollen, mit zweimal 3:0 für mein schönes Österreich. Falls nicht – austreten! Schließlich bin ich auch dafür, umgehend aus dem internationalen Zuckerbäckerverband auszutreten, weil wir Beweise haben, dass die Terroristentorte, die unseren aufrechten Hilmar schwer verletzt hat, von linken Berufszuckerbäckern aus dem Ausland stammt. Und wir wissen weiters, dass ihnen die wildgewordene Petrovic das Rezept gesteckt hat. Diese Verschwörung der Sozialistischen Internationale ist nicht mehr hinzunehmen. Das Spiel ist aus!

29. 4. 2000
Mens sana

Kaum hatte Heinz Fischer letzte Woche den neuen Fitnessraum im Parlament eröffnet, war er auch schon voll besetzt

WESTENTHALER *(auf dem Laufband, mit Walkman):* Keine Atempause, Geschichte wird gemacht, es geht voran ... lalalala.
EDLINGER *(Hantel stemmend):* Neue Deutsche Welle. Des schaut eam wieder ähnlich.
PETROVIC *(am Stepgerät):* Weißt, wie die Band heißt, von der das ist? Fehlfarben!
EDLINGER: Haha, des is guat. Des kummt in mei nächste Rede.
KHOL *(an der Sprossenwand hängend):* Fix noch amol, tuat mir die Schulter weh!
EDLINGER: Des kummt wahrscheinli vom Schließen.
KHOL: Witzig wie immer, der Rudi.
PRINZHORN *(am Hometrainer):* Aaaah, des tut guat. Nur in einem gesunden Körper wohnt ein gesunder Geist, sag i immer!
PETROVIC: Wollts net wieder ein Inserat machen?
PRINZHORN: Damit ihr uns wieder verleumden könnts?
VAN DER BELLEN *(rauchend auf der Bank sitzend):* Wissen Sie in der Zwischenzeit eh, dass das mit »Mens sana« ursprünglich satirisch gemeint war?
PRINZHORN: Lustig bin i söba.
WESTENTHALER *(fällt vom Laufband):* Auuuuu! So a Schas, heast!
KHOL: Uije, jetzt is er scho wieder aufs Knie gfallen.
PETROVIC: Und wann is eigentlich das mitn Kopf passiert?

WESTENTHALER *(mühsam wieder aufstehend):* Des is wieder amoi eine Ungeheuerlichkeit, Se frustriertes Politauslaufmodell, Se!

EDLINGER: Geh mach kane Wellen! Fehlfarben, hihi … Jessas, die Sitzung fangt ja glei an. Gemma, Kollegen! Duschen geht si nimmer aus …

8. 5. 2000
Comics-Börse

Susi, Strolchi – und wer sonst noch was zu reden hat in Österreich

Nach dem Haider-Vergleich von »Susi und Strolchi« an der Spitze der Regierung schlug Kanzler Schüssel zurück, indem er seiner Vize ein »Susi und Strolchi«-Buch schenkte. Mit dem Zusatz, der Strolchi wisse, »wo es lang geht«. Auch Susi sprach, ihren Part betreffend, von einem »schmeichelhaften Vergleich«. Unbemerkt von der breiten Öffentlichkeit brach daraufhin in den Reihen der Regierungsparteien ein frenetischer Comics-Austausch aus. Die Reaktionen waren durchwegs positiv. Peter Westenthaler, von Freund Khol mit einem »Isnogud«-Band (Isnogud, laut dem vertreibenden Verlag »der hinterlistige Großwesir, der sich erfolglos um den Thron des Kalifen bemüht«) bedacht: »Das finde ich super, weil ihm wie mir pointierte Formulierungen in die Wiege gelegt wurden.« Franz Morak, seinerseits von Westenthaler mit den »Peanuts« beschenkt: »Der Charlie Brown ist zwar ein Loser, aber er probiert es immer wieder.« Ideengeber Haider freute sich über »Lucky Luke«, gestiftet von Wilhelm Molterer: »Zieh ich vielleicht nicht schneller als mein Schatten?« Strasser dankte Böhmdorfer: »Stimmt genau! Bei Spinat gehts mir wie dem Popeye!« Schließlich schenkten einander Theresia Zierler und Elisabeth Sickl je eine »Heidi«. Sie sagten aber nichts dazu, da sie noch nicht die Gelegenheit hatten, das Problem mit Experten zu besprechen.

15. 5. 2000
Sprechen Sie Freiheitlich?

Nach dem Hump-Dump-Missverständnis wollen wir mithelfen weitere zu verhindern. Es gibt nämlich für alles eine Erklärung. Deshalb hier ein kleiner Auszug aus dem blauen Wörterbuch

ASTMARK – Synonym für Österreich, bei dem selbsternannte Ahrenzeugen immer gern was anderes gehört hätten, wenn es ein FPler gesagt hat. Leitet sich natürlich vom Baumreichtum unserer Waldheimat her.

BAZI – unerwünschte Person in der FPÖ. Haider sagt immer: »Zeigen Sie mir einen Bazi in meiner Partei, und ich schließe ihn sofort aus.«

CUTMENSCH – ehrabschneidender Gesinnungsterrorist; vgl. englisch »cut« = schneiden. V. a. in der Wiener Partei ausgesprochen »cöt« (wie »cöp« im Fußball).

DARMDUSCHER – wird vor allem von den grünen Softies immer wieder missverstanden, soll jedoch lediglich darauf hinweisen, dass man es mit der Hygiene auch übertreiben kann.

EUSLÄNDER – besonders gefährliche, weil FPÖ nicht lieb habende Unterart des Überfremdrassigen an sich.

FROTTEL – fällt manchmal als eine Art freundschaftlicher Rüffel, wenn sich die blauen Eliten zu ein bisschen Geblödel hinreißen lassen.

GÜRKE – Angehöriger einer hinterhofhammelbratenden Volksgruppe, der auf den Wiener Märkten jenes Gemüse verkauft, nach dem er benannt wurde.

HUMPI – leicht untertriebener, eher zu einem Sackel passender Name von Hilmar Kabas' Käferhund.

IDIAT – von jenen, die uns immer ein A für ein O vormachen wollen, stets vorsätzlich als Beschimpfung missverstanden. Tatsächlich nur der Hinweis darauf, dass der ugandische Ex-Diktator eine österreichische Internet-Homepage hat, also wahrscheinlich illegal eingereist ist.

JEGER – wildern mit Designeranzügen und Handys in Revieren, die uns gehören. Wollen uns sogar vorschreiben, dass wir sie nicht Jeger nennen dürfen, obwohl sie doch unbestritten welche sind.

KUTTELBÄR – unter FP-Funktionären gebräuchlicher Kosename für eine vom Rinderscheck Profitierende.

LECHZEXTREM – Versuch der Pinkspinken (siehe unten), alle anständigen Österreicher als sabbernde Geilspechte zu diffamieren.

MORMONE – zwecks weiterer Erhöhung der Gürkenzahl gratis an Gürkinnen verteilte Präparate aus Amerika.

NABERL – bester österreichischer Treiber, weil ziemlich lechz. Sieht sich seit Jahrzehnten wortgewalttätiger Verfolgung durch die Pinkspinken ausgesetzt (u. a. durch die Falotten-Kapelle »Drah di, Naberl«).

OFFENSCHÄDEL – Anerkennung für einen politischen Gegner, der sich trotz seiner grundsätzlich falschen Einstellung zumindest gedanklich mit der richtigen auseinandersetzt.

PINKSPINKE – radikale Politgruppierung auf der falschen Seite von Dschingis Khan, auch: staatliche Subventionen für deren Angehörige, vor allem Staatskünstler.

QUAPPLER – Zierfische im Aquarium der FP-Zentrale. Liebe Viecherln, weshalb sich auch jeder so Genannte durchaus geehrt fühlen sollte.

ROTKÜNSTLER – Würdigung des großen Rärntners Rornelius Rolig und dessen Vorliebe für kräftige Stilmittel.

SEPP – aufgrund von Hörfehlern ebenfalls mitunter als Schimpfwort missdeuteter, schöner patriotischer Spitzname; mitunter auch mit Repp, der Lieblingsmusik des progressiven Parteinachwuchses vom RFS, verwechselt.

TILTLAUS – in EU-Yoghurt vermanschtes Insekt, das den ahnungslosen Esser sofort niederstreckt. Aber Hauptsache, uns Sanktionen umhängen.

URSCH – bei Parteivorstandssitzungen gebräuchliche, keinesfalls abwertend gemeinte Bezeichnung für Präsidenten – Abkürzung für »Unser Republik-Schef«.

VIZFIGUR – interne Amtsbezeichnung für die Co-Leiterin der Regierung, also jene, die nach Strolchi kommt.

WÖRGL – einfaches Parteimitglied; nicht zu verwechseln mit Görgl, einer Stadt in Tirol, die wiederum nichts mit Jörg, dem Wiener ÖVP-Obmann zu tun hat.

XÄXXKÖRZZ – mit diesem Wort macht Hilmar Kabas beim Scrabble noch jedesmal in letzter Minute den Rückstand auf seine Kinder wett und gewinnt.

YRSTYMYKKS – und wenn er keine X-e mehr hat, nimmt er das.

ZAUBERMANN – jeder FP-Funktionär, vom Vorsitzenden a. D. aufwärts. Stimmt auch in der falschen Schreibweise mit S.

22. 5. 2000
Im Trakt der Vernaderer

Gefängnis Stein, Hochsicherheitstrakt, zur Zeit der Sanktionen. Alfred Gusenbauer pickt Sackeln. Plötzlich sieht er einen Bekannten...

GUSENBAUER: Michl! Hams di a derwischt!
HÄUPL: Bled grennt, ja. De Stapo hat mi direkt vom Pissoir weg verhaftet. I hab net amoi mehr abschütteln dürfen.
GUSENBAUER: Aber Pinkeln is do ka Verbrechen ...
HÄUPL: Wenn der Schröder neben dir schifft?
GUSENBAUER: Geh, naaa! Und i hab glaubt, des mitn Cap-Pepperl is nimmer zu überbieten.
HÄUPL: Was wars bei dem?
GUSENBAUER: Zwa Champagner-Flaschen im Altglas und a Air-France-Stewardess in der Badewann. Wüvü hast kriagt?
HÄUPL: Acht Monat. Und der Haider hat dann vom Böhmdorfer no »bei Wasser und Brot« verlangt. Der hat gmant, des is verfolgenswert. Wo san denn de Genossen?
GUSENBAUER: Oiso, der Edlinger-Rudl is in der Kuchl beim Erdäpfelschälen. Da Klima hat grad Bewährungsverhandlung. Und der Klestil Umerziehung.
HÄUPL: De kriag i a no. Was muaß ma da machen?
GUSENBAUER: Verschieden. I hab ma zwa Wochen lang ohne Pause a Endlos Bandl mit die Parlamentsreden vom Westenthaler anhören miassn. Der Präse muaß hunderttausendmal »Ich soll nicht böse schauen« schreiben. I glaub, vierzigtausend hat er scho.
HÄUPL: Naja, mir werns scho irgendwie umebiagen.
GUSENBAUER: Eh. Sag, is eigentlich der Van der Bellen no draußen?

29. 5. 2000
Hallo, Thesi?

Dann und wann braucht selbst FPÖ-Generalsekretärin Theresia Zierler noch eine führende Hand

Heast, Madl, super hast des gmacht, letzte Wochen mit deine Aussendungen. »Zierler weist Kritik an Treffen mit Gaddafi zurück: Freundschaft und Menschlichkeit müssen grenzüberschreitend sein.« Des is stark! Woher kannst du des? I hab glaubt, du hast im Fernsehen immer nur Wadenwickel und Mitessercremen angsagt! Eine Zier, die Zierler, ois Sekretärin, echt wahr. Was? Generalsekretärin, maan i eh. Du, wir sollten kurz besprechen, was ma de Wochen aussehaun, i bin dann nämli auf aner Bergtour mit a paar Rabbis und da drah i des Handy ab, waaßt eh. Oiso, pass auf: Am besten heit no dementier ma, dass i gwusst hab, dass der Direktor von der Hypo in Libyen dabei war. Hartes P. Naa, bei Hypo. Und Libyen ..., wurscht, schreib: beim Gaddafi. Mir sagen einfach, i hab ihn net erkannt, weil a Sandsturm gwesen is. Außerdem hat er mit dem Muammar nur Blasentee getrunken und nix über Geld gredet. Am Mittwoch oder so ghört dann: »Milliardendeal mit Libyen sichert Finanzierung des Kärntner Kinderschecks.« Jo guat, mit Gaddafi. Deal, D-E-A-L, mein Gott heast, du und der Hilmar immer! So, und am Freitag mach ma dann Foigendes: Haider: »Wer ist dieser Gaddafi überhaupt?« Da kannst dann a no irgendan Vernadererschwenk einbauen. Genau. Oiso, Madl, der Berg ruft, gö! Servas, Resi!

26. 6. 2000
Fremden-Führer

Jeder Besuch wird doch irgendwann einmal mit einem Gegenbesuch beantwortet...

I am really very happy, Muammar, old pal, that you took on my invitation to come to my beautiful Kärnten. I know, the hotel is not very ..., leiwaund, but down in my Bear-Valley you can make camping like you always do. This? Oh, this is the Lindworm, you know, a scary animal from long ago. It only ate, äh ..., heast Mölzer, wos haaßt Jungfrauen? Oiso, it only ate youngwomans and when it came to Klagenfurt it died of hunger, höhö. Aha, den versteht a net. In Villach geht der immer. Naja, ham hoit an andern Humor da unt. Well, I thought that today I show you zerscht amoi the Wörther-Lake and then we go to Minimundus. Des wird eam taugen, waun de Freiheitsstatue so klaan is. Then we have a typical Kärntner Lunch, a traditional dish called Saumaasn ..., red net dauernd drein Mölzer, wann i di was frag, waaßt es ja a net ... Ah so, ka Sau, zwengan Mohammed. Daun nehma hoit Kasnocken oder stengan de a am Index? Later on we have a foto-session with the Crown, the best newspaper in Austria, most of the small decent people, who love their countrycaptain, oiso me, read it. Or at least they look at the pictures. We make the photo at a petrol station, you know, we both hold the Dings ..., the Zapfhahn, and we smile into the camera like a hooch-horse, that will come good. By the way, what about my cheap oil?

23

3. 7. 2000
Letzte Worte

In seiner Abschiedsrede im niederösterreichischen Landtag gab der langjährige Landesrat Franz Blochberger (ÖVP) zu Protokoll, in seinem politischen Leben bei Veranstaltungen und geselligen Runden an der »Briefmarken-Krankheit« gelitten zu haben: »Immer wenn ich feucht geworden bin, bin ich picken geblieben.« Sehr hübsche und vor allem ehrliche letzte Worte, an denen sich noch zu pensionierende Politiker durchaus ein Vorbild nehmen sollten

WOLFGANG SCHÜSSEL: Und nie hat er mich mit seinem Porsche fahren lassen ...

ALFRED GUSENBAUER: Nachdem ich das Wahlziel von 15 Prozent verfehlt habe, ziehe ich hiemit die Konsequenzen.

JÖRG HAIDER: Volksschädlinge ..., Parasiten ..., Linksextreme ..., Blausäure ..., äh, wo war ich gerade?

ALEXANDER VAN DER BELLEN: Bevor ich gehe – hat vielleicht zufällig wer einen Tschick einstecken?

OTHMAR KARAS: Sie wissen wohl nicht, wer ich bin?

HILMAR KABAS: Und somit, liebe Freunde, rufe ich euch zum Abschied nochmals mein lebenslanges Motto zu: Grmpfblmscht!

MICHAEL HÄUPL: Und ihr seids im übrigen auch alle Vollkoffer!

PETER WESTENTHALER: Was soll jetzt nur aus Österreich werden, ganz ohne mich?

THOMAS KLESTIL: Es ist in Ordnung, wenn Sie mich auch weiterhin im Majestätsplural ansprechen.

THESI ZIERLER: Und das Beste ist: Ich bin in echt gar nicht blond.

10. 7. 2000
November

Eine kleine depressive Vorschau

Wien, 26. November 2000. Trotz aller Schlupflöcher, die die Regierung den EU-14 aufgemacht hat, trotz zahlloser Beweise guten Willens und trotz fortgesetzten Kampflächelns der Außenministerin, geht immer noch kein ausländischer Staatschef mit Kanzler Schüssel auf ein Bier. In Paris weiß Jacques Chirac, was es geschlagen hat, schluckt ein Antidepressivum und beschließt, heute im Bett zu bleiben.

Denn heute kriegt er, was er verdient. Heute ist in Österreich Volksbefragung.

Die Schlagzeile der Krone lautet: »Es gibt nur eine Antwort!« Vor den Wahllokalen ballen sich Meinungsforscher, die feststellen werden, dass in etwa ein Prozent der Ja-Sager die sechs gestellten Fragen kennen, bevor sie in die Zelle gehen. Danach sind es schon zwei. In der Mittags-ZiB schmeißt Jörg Haider seinen Stimmzettel mit dem Ausruf: »Ab heute wird zurückgeschossen!« in die Urne. Seine Frau nickt aussagekräftig dazu. In seiner letzten Botschaft appelliert Schüssel an die Österreicher, »das Gemeinsame vor das Trennende« zu stellen. Am Abend treten Stan Khol und Ollie Westenthaler im Fernsehen auf. Dies sei ein großer Tag, erklären sie und danken den Österreicherinnen und Österreichern für dieses »überwältigende Votum«. »Wo wir sind, ist das Volk!« sagt Westenthaler.

Und genau in dieser Sekunde, irgendwo in Österreich, speibt sich jemand an.

17. 7. 2000
Sexy Schwarze

Die neue Werbelinie der ÖVP

Als Kind kann man sich nicht vorstellen, dass die eigenen Eltern Sex haben. Später erweitert sich dieser Personenkreis sogar. Einmal im Schlafzimmer von Karl Habsburg ein Mauserl sein! Vor allem die Betrachtung der erotischen Komponente der ÖVP musste bisher zu dem Schluss führen, dass es der Heilige Geist noch immer nicht lassen kann. Falsch, wie wir jetzt wissen. Denn in ihrer neuen Werbekampagne protzt sie unverhohlen damit, dass in ihren Reihen gerammelt wird, was die Lattenroste halten. Nachdem uns letztes Jahr nackte Babypopscherln erklärten, warum sie auf den Jörg stehen, lässt jetzt die ÖVP Kleinkinder auf Plakaten herumkugeln. Der fundamentale Unterschied laut Generalin Rauch-Kallat: »Haider hat Agenturbabys gebraucht, wir produzieren unsere selbst.« Zum VP-Eigenbau werden »Sprüche zum Schmunzeln« wie diese geliefert: »Aus unserer Leistungsbilanz 1999. Unsere Mitarbeiter und Mitarbeiterinnen arbeiten mit Vergnügen rund um die Uhr.«

So sind die Schwarzen also wirklich. »Mach uns den Hengst, Wolfi!«-Sprechchöre werden künftig zu Kanzlerreden gehören, wie die Sanktionen, Rauch-Kallat wird für »News« ihre Dessous-Lade öffnen und verraten: »Die machen meinen Alfons ganz wurlert.« VP-Parteitage mutieren zu »Fact nackt«-Gschnasen. Und im nächsten Wahlkampf wird die Entscheidung vermutlich von Elisabeth Gehrer abhängen. Und von der Seite 7 der »Krone«.

24. 7. 2000
Liebe Weise!

Wie die FPÖ den drei Weisen alles erklären wird

Anbei finden Sie ein tolles Info-Paket, das alles enthält, was Sie über unsere Partei wissen müssen, um bei Ihrer Beschäftigung mit dem Wesen der FPÖ zu dem einzigen Ergebnis zu kommen, das möglich ist – und zwar dalli. Besonderes Augenmerk sollten Sie dem im Paket enthaltenen Jörg-Haider-Starschnitt schenken, er zeigt unseren fitten Führer, wie er oben ohne und mit einer Hand auf den Rücken gebunden die Eiger-Nordwand erstürmt. Ausgewählte Zeitungskommentare jener beiden österreichischen Journalisten, die der FPÖ kritisch gegenüberstehen – Staberl und Richard Nimmerrichter – haben wir beigelegt, um zu zeigen, dass wir nichts zu verbergen haben. Auch das sogenannte »Krumpendorf-Video«, von dem Sie sicher schon gehört haben, wird Sie interessieren. Es zeigt den Kärntner Landeshauptmann am Krumpendorfer Bauernkirtag, zwei kleine Deutschkärntnerinnen sagen ihm ein Gedicht auf und singen dann mit ihm »Du bist die Rose vom Wörthersee«. Für Ihre Enkerln haben wir schließlich je einen Humpi und Dumpi eingepackt, die süßen Plüschelefanten, die unser lustiger Wiener Obmann erfunden hat. Damit sollte eigentlich alles klar sein.

Herzlichst, Ihre FPÖ

P.S.: Sollten Sie nach Ausstellung des Persilscheins an einem Kärnten-Urlaub interessiert sein, machen wir Ihnen einen guten Preis. Und wir zeigen Ihnen auch gerne die Plätze im Bärental, wo die größten Herrenpilze wachsen.

31. 7. 2000
Nachschlag

*Wie schon vor ihren Gesprächen mit den drei
Weisen begaben sich die FP-Spitzen W, S und B
auch danach nach Kärnten zu H (Mitglied,
einfach), um befehlsausgabefrei die Lage zu
besprechen*

w: Er kummt. Habt acht!
h: Passt scho, Buama, rührt euch. Nana, Moment. Hab i was von Sitzen gsagt? Oiso, was habts eana dazöht, denan drei Hanseln?
s: I hab hauptsächlich gelächelt, so wie dus angschafft hast. Und einmal hab i den Dings gfragt: »Do you really drink so much Wodka in Suomi?« Waaßt eh, zum Auflockern.
b: War ja eh wurscht. De hurchen sowieso net auf uns.
h: Hoffentlich hast du di wenigstens net wieder amoi von mir distanziert.
s: Hat er net. I hab aufpasst.
h: Nau guat. Weu de Todesrunen hat ma schnö am Hirn. Frag de Sickl.
w: Vor mir war de grüne Pelzgoschen dran. Mit dem ham sa se sicha guat verstanden. San jo a alles so intellektuelle Warmduscher.
h: Dann warst du ja des richtige Kontrastprogramm.
w: Hahaha, genau ...
s: Es bleibt eh alles wie besprochen, net? Mir fahrn de Vernaderungsschiene weiter.
w: Wart amoi, Kontrastprogramm?
h: Sicher. Never change a winning Schiene, sag i immer.

B: I werd morgen mit aner Klage drohen. Des hamma schon laung nimmer.
W: Soll des haaßen, dass i deppat bin?
H: Olles kloa, Männer. I hab jetzt an Termin. Pfiat eich. Und stehts bequem. *(geht ab)*.
W: Jetzt sagts scho, Burschen: Wie hat er des gmant?

12. 8. 2000
Komm, sing mit!

Jörg Haider singt jetzt also auch. Gemeinsam mit »Hans aus Hermagor«, Scherzbold aus früheren Ö3-Wecker-Zeiten, hat er »Kärnt'n is lei ans« aufgenommen, »einen fröhlich schwungvollen Titel, der ins Ohr geht«. Weiters hat Haider auch noch einer »modernen Version« der Kärntner Landeshymne und dem Titel »Das klane Büble« seine Stimme gegeben. profil war bei den Aufnahmen selbstverständlich exklusiv dabei

JÖRG: Miiiiimimimimimi! Miiiiii! Heast, des war a scho amoi besser. Oba i hab gestern mit der Sickl so schreien miassn ... Probier mas amoi: Die Faaahne hooooch ...

HANS: Dos is dos folsche Liad. Mir singan jetza de Hymne.

JÖRG: Nau eh.

HANS: De Karntna. Net de Ulrichsberga.

JÖRG: Ah so. Dort wo Tirol an Salzburg grenzt, des Glockners Eisgefilde glänzt, wo ..., wo ..., wia geht des schnö weida?

HANS: ... wo aus dem Kranz, der es umschließt, der Leiter reine Quelle fließt.

JÖRG: Wem sei Quelle?

HANS: Leiter steht do. Kenn i a net.

JÖRG: Wurscht. Soll i beim Singen de Hand so auf de Brust legen, wia de spanischen Kicker? Des schauert doch guat aus, oder?

HANS: Naa. Dos Video mach ma erst morgen.

JÖRG: Des wird a Hit, des sog i dir. Sovü wie der Zlatko verkauf ma locker. Und dann schiaß ma des Duett mitn Hinterseer noche ... Mimimimi! Fix noch amoi, de Sickl heast ...

19. 8. 2000
Brief an den Papst

Der Vatikan bekommt heuer einen Kärntner Christbaum. Auf den Landeshauptmann als Lieferanten legt man in Rom leider weniger Wert

Gehn S', Fräulein Hiltrud, kommen S' gschwind zu an Diktat? Also, wir schreiben: Lieber Papst! Na, do net. Sehr geehrter Herr Papst! A net guat. Verehrter Heiliger Vater, so mach mas. Wie ich höre, sind Sie noch am Überlegen, ob Sie mich empfangen, wenn ich den Kärntner Weihnachtsbaum in den Vatikan bringe. Das sehe ich überhaupt nicht ein. Ich wäre der erste Landeshauptmann, der für seinen Baum keine Audienz kriegt. Dabei bin ich doch ein besonders wehrhafter Christ. Ich achte alle neun Gebote. Ich kriege bei jedem Tschador einen halberten Aorta-Riss und werde auch weiterhin dafür sorgen, dass die dritte Türkenbelagerung spätestens an Österreichs Grenzen gestoppt wird. Wir stehen doch auf derselben Seite! Deshalb verstehe ich auch nicht, dass Sie sich zum Sklaven der Sozialistischen Internationale machen lassen. Sie haben doch auch gegen die Roten in Polen gekämpft. Und gegen den Russen. Muss ich wirklich meinen Freunden in Österreich sagen, dass wir sogar schon auf dem Heiligen Stuhl einen Gutmenschen sitzen haben? Das können Sie doch nicht wollen und darum schlage ich in aller Güte vor. Wir sehen uns in Rom. Am Fuße der Fichte. Fotografen bestelle ich. Hochachtungsvoll ..., na, schreib ma, im Namen des Vaters undsoweiter. Und glei abtippen, gö! Des muss heute noch raus.

28. 8. 2000
Bagdad

Zwei der absolut tollsten FP-Vertreter besuchen den Irak

STADLER: ... und eine besondere Verbindung zwischen unseren Ländern besteht ja dadurch, dass sich jetzt wir in der Mutter aller Schlachten befinden.
WINDHOLZ: Wos dir immer fia leiwande Ausdrücke einfalln.
STADLER: Des is net von mir. Des hat der Saddam im Golfkrieg gsagt.
WINDHOLZ: Ah so? Des hab i net gwusst. I bin ja erst 40.
STADLER: Der war vor neun Jahr.
WINDHOLZ: Damals hab i mei Satellitenschissl no net ghabt.
DOLMETSCH: Seine Exzellenz Tarek Aziz bedankt sich für die Solidarität der FPÖ mit dem irakischen Volk und verleiht seiner inständigen Hoffnung Ausdruck, dass der gemeinsame imperialistische Feind bald die tausend Qualen der Hölle erleiden möge.
WINDHOLZ: Wos de gschwoin daherreden de Araba, ha?
DOLMETSCH: Soll ich das auch übersetzen?
STADLER: Des do in mein Gsicht is a Schmiss. Wennst a so ausschauen willst, dann übersetz.
WINDHOLZ: Sag dem Kamöötreiber, mir finden Sanktionen immer oasch.
STADLER: I halt des ja eigentli für a Frechheit, dass der Saddam net söba mit uns redt und nur sein Vize-Schakl schickt.
DOLMETSCH: Seine Exzellenz Tarek Aziz findet Sanktionen auch oasch.

WINDHOLZ: Und ka Bauchtänzerin und nix.
STADLER: Sein Bunker hätt i gern gsehn. Vielleicht brauch ma sowas in Pölten a amoi.
DOLMETSCH: Seine Exzellenz Tarek Aziz fragt, ob die Herrschaften noch mehr Tee möchten?
WINDHOLZ: Habts a Gösser a?
STADLER: Ernest!

4. 9. 2000
Roter Brainpool

Man kann nicht behaupten, dass die SPÖ über ihre Rolle als Oppositionspartei nicht nachdächte

GUSENBAUER: Freindschoft! Oisdann, was mach ma?
KUNTZL: Wir könnten amoi nachdenken, ob ma ...
SALLMUTTER: Des fang ma uns gar net erst an.
EDLINGER *(zu Häupl):* Wer isn de?
HÄUPL: Unser Bundesgeschäftsführerin.
EDLINGER: Ah! De Bures.
BURES: I wär dafür, dass ma ...
SALLMUTTER: Oba wirkli net.
EDLINGER *(zu Häupl):* Und de?
HÄUPL: Des is de Bures.
EDLINGER: Und wer is dann de andere?
GUSENBAUER: Genossen! So kumma net weiter!
SALLMUTTER: Wer wü denn des leicht?
GUSENBAUER: Mir brauchen Ideen!
PRAMMER: Mir Frauen ham ane. Wir drohen mit an haaßen Herbst und machen a Demo.
HÄUPL: Pfauh! Amoi was anders.
SALLMUTTER: Draußen in den Betrieben sans dagegen.
GUSENBAUER: Wir sollten a bissl mehr zu bieten ham ois depperte Krawatten.
EDLINGER: Wer hat da depperte Krawatten, Brüllnschlangen?
HÄUPL: Gib a Ruah, Rudl.
EDLINGER: Du bist dafür schiach. Sagen olle.
GUSENBAUER: Net olle. Meine Lippen kumman guat, sagen vüle.
HÄUPL: Is des jetzt net wurscht, es Koffern?
SALLMUTTER: Wurscht is a gfüllte Haut.
HÄUPL: Du hoit jetzt a de Pappn.

SALLMUTTER: So kannst über uns Gewerkschofta net drüberfoahn.
PRAMMER: Wos is jetzt mitn haaßen Herbst?
GUSENBAUER: Jo, guat, mach ma des hoit. Und red ma nächste Wochen weiter.
SALLMUTTER: Is eh vü passiert heit, was?

11. 9. 2000
Cher Ami!

Bundespräsident Klestil versuchte vergangene Woche mit wachsender Verzweiflung, am Rande der UNO-Milleniumsfeier in New York des französischen Staatspräsidenten Jacques Chirac habhaft zu werden. Zwei Mal gelang es ihm auch

KLESTIL: Cher Ami!
CHIRAC: Mon Dieu!
KLESTIL: Gut, dass ich dich hier zufällig treffe. Wir müssen reden!

CHIRAC: Bien sur. Isch muss nur einmal kürz – wie sagt man? – für kleine Büben?
KLESTIL: Macht nichts, dann komme ich halt mit.
CHIRAC: Oh! Oh, non! Ce n'est pas possible, weißt du, wenn jemand neben mir ..., wie soll isch sagen ..., isch kann dann nischt.
KLESTIL: Gut, dann warte ich draußen.
CHIRAC: Das wird aber länger dauern, wegen meiner Prostata, du verstehst? Und dann muss isch gleich zum president von Tadschikistan. Ist tres important wegen der 'andelsbesiehungen. Man sieht sich später, d'accord?
(geht ab, Ende von Gipfeltreffen 1, Stunden später)
KLESTIL: Cher Ami!
CHIRAC: *(leise)* Merde, encore une fois! *(laut)* Thomas! Wie ist das Wetter bei eusch in Vienne?
KLESTIL: Gut. Weißt du, Jacques, die Sanktionen ...
CHIRAC: Warst du mit belle Margot schon auf Ürlaub?
KLESTIL: Jaja, war sehr schön. Jacques, die 14 müssen jetzt wirklich ...
CHIRAC: Oh, da ist ja meine gute Freund Fidel! Gut, dass er da ist, meine Havannas sind aus. Du entschuldigst, Thomas? Man sieht sich später, d'accord?
KLESTIL: Dann müssen wir aber wirklich reden.
CHIRAC: Bien sur!

18. 9. 2000
Siegesfeier

*Ein paar Stunden nach Aufhebung der Sanktionen.
Bei einem verschwiegenen patriotischen Heurigen
wird gefeiert*

WESTENTHALER *(singend):* I kenn die Leit, i kenn die Ratten ...

HAIDER: Hea ma auf mit dem Fendrich. Der is a a linker Agent.

WESTENTHALER: Weis ma eam hoit aus. Ei äm from Austriaaaa ...

RIESS-PASSER: I glaub, unser radikales Element is scho a bissl waach.

WESTENTHALER: Und glei wird mei Ausdrucksweise extremistisch! *(rülpst).*

KABAS: In Wirklichkeit is der Bericht net so leiwaund fia uns, oder?

HAIDER: Hast eam glesen?

KABAS: Na. Zawos?

HAIDER: Und glaubst, sunst liest eam wer?

WESTENTHALER *(singend):* Steht auuuuuf, wenn ihr Blaue seid ...

HAIDER: Ma, foisch singen tuat a a no ... Is scho guat, Thesi, kannst di wieder niedersetzen.

KABAS: Derf i jetzt eigentlich bei der Wahl wieder de Ausländer virezahn?

HAIDER: Wosn sunst?

ZIERLER: Des is gemein. I bin zerscht dran.

HAIDER: Du derfst sie a haben. Und der Rauter a. Es san gnua Ausländer fia olle do.

WESTENTHALER: Höhöhöhö, des is guat! *(singt wieder)* Negerauuuufstand ist in Kuuuuba ...

RIESS-PASSER: Der Schüssel hat gmant, wir sollten uns a bissl zruckhoidn.

HAIDER: Und wer fragt eam?

WESTENTHALER: I sicha net. Heast, mei Vierdl is scho wieder laar. Wirtshaus! Amoi Luft ausselossn, oba hurtig! *(singt)* Wiiiiiiii are the tschämpions, mei frrääänds, damdam, damdam ...

9. 10. 2000
NÜPD Blue

Treffen der NÜPD (»Nichts übersehende Polizei-Druppe«), einer geheimen Vorfeldorganisation einer bestimmten Partei. Die Versammelten verwenden Codenamen, auch der Klubobmann dieser Partei. In diesem Kreis heißt er HMW (»His Master's Waldi«)

HMW: Hamma jetzt wos über den Van der Bellen?
007: Im EKIS war nix. Oba i hab sein Müll da in dem Sackl. Er trennt eam net.
HMW: Des kemma sicher no brauchen.
COLUMBO: Beim Gruslbauer im Mistkibl hamma an gebrauchten Präser gfunden. Vielleicht kennan den die Kollegen von da Sitte amoi irgendwo auslaarn, DNA-mäßig.
HMW: Tats eam in Kühlschrank. Oba net neben mei Buttermüch.
MIKE HAMMER: Mir ham uns a denkt, mir kennten im Auto von dem Caritas-Pfaffen a bissl a Hasch verlieren. Dann kriagat ma eam ois Kunden von seine Asylneger dran.
HMW: Ollaweu! A Haummer, Hämmer!
KOTTAN: Oba heast, Chef, wann kummt eigentli des nächste Mal a Marie? I mach des zwar eh alles auf Überstunden, oba trotzdem ...
HMW: Jetzt raunz net. Bald kriagst dei Mandat, dann wachst eh gnua umme.
007: I kriag a no de Spesen vom letzten Sicherheitslokalaugenschein in da »Venusmuschel«.
HMW: I waaß. Beim nächsten Mal.
COLUMBO: Sag amoi, was mach ma eigentli, wanns uns auf des alles draufkumman?
HMW: Blede Frag. Was ma immer machen.

16. 10. 2000
Abwehrkampf

Auf der Ehrentribüne beim Festumzug in Klagenfurt am 10. Oktober

SCHÜSSEL: Schau amoi, Tommy, auf dem Wagen steht »Jagdgesellschaft«. Solltest du da net drauf sitzen?
KLESTIL *(in sein achtes Speckbrot beißend):* Sehr witzig. Schau das nur guat an, deine Freund. Ma, is mir schlecht. A Speckbrot no und dann dreh i mi zum einfachen Landeshauptmann und dann ... hat der Tag vielleicht doch no was Gutes.
SCHÜSSEL: Glaubst mir macht des Spaß? Wenn i no a Weile zu dem ganzen da lächeln muaß, fallen mir de Jacket-Kronen aus.
KLESTIL: Sovü Trachten hab i nimmer gsehn, seit i im Almdudler-Zentrallager wahlkämpfen war. Und sovü, äh, Kameraden ... Aber dir is sowas ja wurscht.
SCHÜSSEL: Wurscht net. Aber solang meine Umfragewerte passen ...
KLESTIL: Könntest eam net wenigstens einreden, dass er a »Lega Süd« macht und Kärnten abspaltet?
SCHÜSSEL: Schöner Gedanke. Jessas, jetzt singens scho wieder.
KLESTIL: I versteh die ganze Zeit nur »Blut«. De ham alle sovü Schmiss im Gsicht, dass den Mund nimmer gscheit aufbringen.
SCHÜSSEL: Nana, des stimmt scho. Des singens.
KLESTIL: I wü haam! Ha! Da kommt scho wieder eine mit an Speckbrot!

23. 10. 2000
Trauerarbeit

Bei der FPÖ-Sitzung am Tag nach den Wahlen in der Steiermark

HAIDER: Ma, und wia der Schüssel deppat grinst hat hinter der Klasnic.
WESTENTHALER: Beim nächsten Wandertag stess i eam irgendwo obe.
ZIERLER: I übernimm die Verantwortung für des schlechte Ergebnis.
HAIDER: Verantwortung is des letzte, des du kriagst.
WESTENTHALER: Richtig siaß, de Thesi.
HAIDER: Jetzt prack ma eana oba a urndliche, denan schwoazn Hund. I droh mit Neuwahlen.
RIESS-PASSER: Geh, Jörg. Wie woll ma de denn gwinna?
HAIDER: Net mit dir ois Spitzenkandidatin. *(feierlich)* Es kann nur einen geben!
ALLE: Jawoll! Bravo! Jörgl vor!
HAIDER: Oba Ernst mach ma erst nach Wean.
KABAS: I werd alles tun, dass ma in Wean nix verliern.
HAIDER: Sicher. Du wirst net kandidieren.
KABAS: Oba ...
HAIDER: Und ruhig, sunst gibts Sacher mit Schlag. Und wann ma in Wean mitn Westi a nix reißen, dann spüts Granada. Herr Bundeskanzler Haider ..., ma, wann des de ZiB-Zwa-Funsen des erste Mal zu mir sagen muaß!
WESTENTHALER: Da wird dir direkt a Achtel abgehen, was Jörg?
HAIDER: Heast, wann di wer hört. Vielleicht wer ma jo bespitzelt.
WESTENTHALER: Des warat neich.

30. 10. 2000
Bodyguard

Vertrauliches Gespräch zwischen einem bekannten Politiker (P) und seinem durch die Spitzelaffäre neuerdings auch bekannten Bodyguard (B)

B: Scheiße, Chef, jetzt hams mi am Wickl.
P: Oba geh, de finden scho nix. Und wenn der Strasser zu genau suacht, dann mach i des zur Koalitionsfrag.
B: Oba du muaßt di a öffentlich für mi einsetzen. Bei de andern zwa hast gsagt, du legst dei Hand ins Feuer. Was is mit mir? Immerhin hab i scho mei Leben für di riskiert.
P: Ah so? Wann wär denn des gwesn?
B: Waaßt no, wies mit dem gfäulten Apfel auf di gschossn ham?
P: Der hat den Klubobmann aufs Hirn troffen.
B: Oba nur, weil eam i mit der Brust abgestoppt und wullee übernumma hab. Außerdem hab i de Infos doch für di gecheckt.
P: Du kennst mi lang gnua. Du waaßt, dass i des abstreiten werd, wanns di dawischen.
B: Na, sauber!
P: Genau. War scho immer mei Motto. Und aus der Partei schließ i di a aus. Und kennt hab i di nie.
B: Mit dem kummst oba net durch! Es gibt Fotos, wo ma alle zwa drauf san.
P: Heast, i bin a Star. Mit mir lassen si vüle Leit fotografieren. Zum Beispiel der, na, wia haaßt a schnö ..., Klein..., Klein... Fallt ma nimmer ein.
B: Beim nächsten Apfel duck i mi.

45

6. 11. 2000
Vorwahlkampf

Bei einer Strategiesitzung der Wiener FPÖ.
Zur Debatte steht die Wahlkampf-Linie

KABAS: Und was halterts ihr von »Unser Angebot: Für ein ausländerfreies Wien.«

LANDAUER: Des klingt so ähnlich wie »Für ein drogenfreies Wien«. Des plakatier ma ja scho. Apropos: Wia woi ma des eigentli machen?

KABAS: Is des net wurscht?

KREISSL: Alle einsperrn!

LANDAUER: Wen alle?

KREISSL: Na, alle hoit.

KABAS: Guates Konzept. Tamma des ins Protokoll.

KREISSL: I warat fia: »Ne-ger zu-rück in den Busch – Tu-gend-ter-ror-ist-en gusch!«

KABAS: Pfah, is des net a bissl zu hart? Oba a Reim warat scho leiwaund. Soll ma den Wolf fragen?

UNTERREINER: Geh, des kemma do söba. Du vergisst, dass i Kultursprecherin bin. I hab scho an, passts auf: »Wer fördert den Herrn Schlingensief, auch sicher schon mit Tieren schlief.«

LANDAUER: Den versteh i net. I schlaf a mit mein Dackel.

UNTERREINER: Jo, oba do net so!

LANDAUER: Ah so! Siechst, des is wirkli Kunst. Da muaß ma scho a bissl nachdenken.

KABAS: Scho. Oba wir sollten de Gscheitheit net so außehängen lassen. Des woin de Leit net.

KREISSL: I wü oba a net, dass' uns fia deppert hoidn.

KABAS: Oba geh, Michi. Wer tuat denn des?

13. 11. 2000
Warteschleife

Ein Anruf bei der SPÖ

SPÖ, bitte warten. Wir melden uns in Kürze.

Falls Sie Genossen Gusenbauer sprechen möchten, drücken Sie bitte die 0, er hebt dann persönlich ab.

Falls Sie Wähler sind, drücken Sie bitte die »1« für den VIP-Club »Rote Liste«.

Falls Sie Wähler werden möchten, drücken Sie bitte die »2« für die Abteilung »Echt wahr?«, die Mittwoch zwischen 10 und 10 Uhr 10 besetzt ist.

Falls Sie Mitglied werden möchten, drücken Sie die »3« und geben Sie dort Ihre Adresse bekannt, wir schicken Ihnen eine Sänfte.

Falls Sie irgendeine Idee zu irgendwas haben, drücken Sie die »4« für die Personalabteilung, die Ihnen umgehend den Dienstvertrag für BundesgeschäftsführerInnen zusenden wird.

Falls Sie nur so anrufen, drücken Sie bitte die »5« für Genossen Kostelka, den Leiter des Arbeitskreises »Reden wir darüber«.

Falls Sie anrufen, weil Ihnen nie jemand zuhört, drücken Sie die »6« für Genossen Aigner, der weiß ganz genau, wie Sie sich fühlen.

Falls Sie eine Krawatte kaufen möchten, drücken Sie die »7« für »Herrenmoden Rudi«.

Falls Sie Schlögl oder Schachner-Blazizek heißen, gehen Sie bitte sofort aus der Leitung.

SPÖ, bitte warten. Wir melden uns in Kürze.

27. 11. 2000
Auf der Couch

In der Praxis eines Psychiaters. Patient H ist dran

P: Und wann, sagten Sie noch einmal, fiel Ihnen auf, dass Sie der Einzige sind, der Österreich retten kann?
H: In der zweiten Klass Volksschul.
P: Ist das nicht ungewöhnlich früh?
H: I hab miaßn in der Eckn stehen, weil i so an rotzigen Sozi ane gflacht hab. Und wie i da so gstanden bin, wars mir auf einmal klar.
P: Und jetzt sind Sie hier, weil Sie bei der Verfolgung dieses Ziels eine gewisse geistige Müdigkeit verspüren. Sich ungeliebt fühlen. Aber so fühlen wir uns doch alle von Zeit zu Zeit.
H: Ihr alle habts es auch verdient. I net. Tausende kranke Journalistengehirne sind hinter mir her. Manchmal träum ich von Ihnen, ich im Schützengraben, der letzte der Gerechten, und dann kommen sie aus ihren Löchern, ich reiß meine MG hoch, ratatata! Ratata! Ta!
P: Interessanter Traum. Das sollt ma ja wirklich mit ihnen machen.
H: I muaß mir also keine Sorgen machen, dass i paranoid bin oder sowas?
P: Aber woher denn. Alles völlig normal. Fürs Gemüt nehma halt ein paar Pulverln. Und bloß net den Endsieg aus den Augen verlieren.
H: Jetzt gehts mir ja gleich viel besser. Mach ma nächste Wochen um die gleiche Zeit, Herr Doktor Scrinzi?

4. 12. 2000
Pinzgau

Wenn der Salzburger FPÖ-Chef Karl Schnell in seiner Pinzgauer Heimat – wo ja der Ausdruck »Lump« lieb gemeint ist – nach der Sonntagsmesse beim Wirten vorbeischaut, geht es immer recht hoch her

SCHNELL: Jo, servas Hochwürden, du oider Hundling!
PFARRER: Griaß Gott, Herr Doktor, du Schweindl. Was macht die Politik?
SCHNELL: Naja, wirst eh ghört ham, dass' mi jetzt wieder am Wickl ham, de ganzen Schneebrunzer.

WIRT: Des is do a Witz. Wegen dem Hiafler in der Hofburg.

SCHNELL: Oiso moants es Deppen a net, dass i mi entschuldigen muaß?

PFARRER: Vergeben kann sowieso nur Gott, der allmächtige Haderlump.

SCHNELL: Des nutzt mir oba a nix, wann meine gspritzten Parteifreind moanen, i sollt zrucktreten.

WIRT: Oba geh, de Seicherln solln net wegen nix so an Wirbel machen. Mir im Pinzgau reden hoit aso.

SCHNELL: Des hab i dem Zilk, dem schiachen Hirnederl, im Fernsehen a erklärt. Oba des interessiert ja wieder kan von de ganzen Oaschgeigen.

GAST AM STAMMTISCH: Geh, Karli, du bleder Aff, lass dir kane grauen Haar wachsen. I und de andern Fetzenschädln da, mir halten zu dir.

SCHNELL: Eh. I schmeiß a Runde fia eich olle, es Trotteln.

WIRT: Mei, unser Karli is jo doch der beste. A so ein Viech!

11. 12. 2000
Pjöngjang

Im Parlament sorgte sich letzte Woche der FP-Abgeordnete Eduard Mainoni um Österreich. Er habe am Rande einer Demonstration kürzlich den mit Kreide auf einen Gehsteig gemalten Slogan »Wien muss Pjöngjang werden« gelesen. Alarmierend, das. Weil: »Hier wird ein Vergleich mit dem Vietnamkrieg herbeigeredet!«

Die Verlegung der nordkoreanischen Hauptstadt war insofern Pech, als Mainoni damals, beim bunt gemischten FP-internen Eignungstest für Neo-Abgeordnete, die tatsächlich vorkommende Pjöngjang-Frage an sich völlig richtig beantwortete. Sie lautete:

Pjöngjang ist
a) süßsaures Rattenragout
b) die Hauptstadt von irgendwelchen gschlitzten Kommunisten

Auch bei den anderen Fragen musste Mainoni gar nicht lang nachdenken. Hier nur eine kleine Auswahl:

Gewaltentrennung zwischen Politik und Justiz ist
a) für einen demokratischen Rechtsstaat unverzichtbar
b) mir doch wurscht

Schuld am 2. Weltkrieg war
a) der Russe

Elfriede Jelinek, Cornelius Kolig und Hermann Nitsch sollte man
a) ausweisen
b) einsperren
c) bis zur Ausweisung einsperren

Was darf aus Wien keinesfalls werden?
a) Chicago 1930
b) Berlin 1933
c) San Francisco 1968

Das alles wusste der Abgeordnete Mainoni. Also lassen Sie den Mann doch jetzt bitte mit Pjöngjang in Ruhe.

18. 12. 2000
Nizza

*Und wieder einmal steht ein möglicherweise
unangenehmer EU-Gipfel an*

»Duhu, Wolferl?« – »Ja, Benita?« – »Tust mir einen Gefallen und singst heute beim Abendessen nicht wieder ‚Frere Jacques, frere Jacques, dormez vous'!« – »Geh, das war doch spaßig. Ich kann ja nichts dafür, dass der Chirac in den Keller lachen geht...« – »Aber jetzt, wo wir endlich nimmer in der Küche essen müssen...« – »Na gut. Neben wem sitz ma denn heut?« – »Neben dem Joschka.« – »Ah, den hab ich gefragt, ob ich morgen in der Früh mit ihm joggen gehen kann.« – »Und was hat er gsagt?« – »Nein.« – »Oh.« – »Na, macht ja nix, dafür treff ich mich später noch mit dem Toni Guterres an der Bar. Ich hab gsagt, ich lad ihn auf einen Blauen Portugieser ein, hihi.« – »Das hat er verstanden?« – »Gelacht hat er nicht. Ist aber trotzdem gut, oder?« – »Eh. Du, hat eigentlich die Susi wieder angrufen?« – »Na freilich.« – »Und was hats wollen?« – »Ich soll eine Kiste Champagner mitbringen für Silvester.« – »Und der Jörg?« – »Der braucht keinen.« – »Ich mein, ob er was zum Gipfel gsagt hat.« – »Nur, dass ich den Michel von ihm in die Eier treten soll.« – »Ah so. Du, wir müssen gehen.« – »Mhm. Wau, fesch bist heut wieder. Und weißt eh: Lächeln! Immer nur lächeln ...«

8. 1. 2001
2001

Natürlich wollte auch profil von einer unfehlbaren Astrologin wissen, was uns dieses Jahr so erwartet. Nun, allerhand:

Hilmar Kabas verfehlt sein Ziel die Nummer 1 in Wien zu werden nur deshalb knapp, weil seine potentiellen Wähler den Slogan »2001 – A Race Odyssey« nicht verstehen.

Bundespräsident Klestil verweigert sich bei der Damenwahl am Opernball Vizekanzlerin Riess-Passer, worauf die FPÖ endgültig genug hat und ein Impeachment-Verfahren einleitet.

Jörg Haider singt auch heuer wieder und hält mit seiner Cover-Version von Bob Marleys »Legalize It« wochenlang Platz 1 der Hitparade. Bundeskanzler Schüssel beendet sein Schweigen zu den Eskapaden des Regierungspartners mit einem ebenso unerwarteten wie mutigen »Naja«, worauf Haider seine Playback-Disco-Tournee überstürzt abbricht und die Koalitionsfrage stellt.

Während der Parlamentsferien heiraten Andreas Khol und Peter Westenthaler in aller Stille im schottischen Madonna-Schloss Skibo.

Und die SPÖ schließlich erkennt, dass sie einen Vorsitzenden braucht, der die Frische ihrer Politik besser verkörpert als Alfred Gusenbauer, und ersetzt ihn durch Charly Blecha.

Was für ein Jahr.

22. 1. 2001
Hilmar

Beim Abschiedsfest für den Ex-Spitzenkandidaten der Wiener FP waren wirklich nur seine engsten Freunde anwesend

CHORHERR: I kanns no gar net glauben, Hilmar. Ohne di wirds nie mehr so sein wie früher.
KABAS: Des is nett, Christoph, dank dir schön. I war ma ja net immer sicher, ob du mi wirklich magst.
HÄUPL: Jetzt hörst oba auf! Immer hamma gsagt, hoffentlich sageln uns de den Hilmar net ab, stimmts Bernie?
GÖRG: Du warst uns immer der liabste.
KABAS: Ma, Burschen, hörts auf, i fang ja glei an zum Plaazen.
CHORHERR: Oba geh. Kumm, iss no a Stückl Torten.
HÄUPL: Jetzt sei a Mann und mach des no rückgängig. Waaßt doch eh, dass de Umfragen nie stimmen.
KABAS: I tät eh. Oba du kennst jo meine Leit.
GÖRG: Die san doch nur neidig, wegen deiner, äh, Medienpräsenz. Nach dem Einfachen bist du doch am öftesten in der Zeitung.
HÄUPL: Und mit was? Mit Recht!
CHORHERR: Aber was gilt denn schon der Prophet in der eigenen Partei ...
GÖRG *(singt):* Only the good die young ...
KABAS *(schneuzt):* Ihr seids so liab. Was meints, Burschen, wann ma scho so gmiatlich zsammsitzen: Gemma no auf an Sicherheitslokalaugenschein?

29. 1. 2001
Die FPÖ startet ihren Wahlkampf in Wien mit einer schönen Plakatserie

Wussten Sie, dass Rot-Grün...

... in Wien Türkisch als Amtssprache einführen will und Sie dann in Ihrer eigenen Stadt dauernd »Ömük bürsgürt ödölöl« oder sowas sagen müssen?

... in den Wiener Schulen statt der Schulmilch täglich Haschisch verteilen will, das sich unsere unschuldigen Kinder dann gemeinsam mit den linkslinken Lehrern spritzen müssen?

... den Rathausmann durch Hammer und Sichel und unsere tapferen Polizisten durch marxistische Revolutionswächter ersetzen wird?

... nicht daran denken wird, die Donnerstagsdemonstrationen endlich zu verbieten und das arbeitsscheue Gesindel zum Zwangsstraßenkehren einzuteilen?

... Ihnen keinen Parkplatz vor der Haustür garantiert, wir hingegen gleich zwei?

... nicht einmal davor zurückschrecken wird, die Lipizzaner an Slowenien und das Schnitzel an Mailand zurückzugeben?

... schließlich auch nicht dafür sorgen wird, dass wir anständigen Österreicher nicht mehr in den gleichgeschalteten Medien lächerlich gemacht werden?

Daher: Wählen Sie klug, wählen Sie uns. Die einzige nicht-linke Alternative. Damit Wien nicht Istanbul bleibt und überhaupt.

5. 2. 2001
Unter Tag

Zum einjährigen Jubiläum der Regierungsbildung meldete sich jener Mann bei profil, der damals im Tunnel Richtung Hofburg die Taschenlampe getragen hat. Er behauptet, folgendes gehört zu haben:

SCHÜSSEL: Endlich bin is und jetzt muss i unterirdisch gehen. Und der da drüben wird sicher bled schauen a no. Entwürdigend is des.

RIESS-PASSER: Die Stapo filmt alle da oben. Unser Justizminister wird si scho kümmern um den ganzen Mist.

KRÜGER: Hä? Was für a Miss?

SICKL: Bäääh! Wo bin i denn da jetzt einegstiegen?

MOLTERER: In an Fettnapf?

SCHMID: Spüts Euch net mit uns. Mir Blaue halten zsamm.

MOLTERER: Und alle miteinander gehts in Keller lachen.

SCHÜSSEL: Schlechter Zeitpunkt für die Metapher, Willi.

SCHEIBNER: Ma, ewig schad, dass der Jörg des net erleben derf.

GEHRER: Wieso? Kräut er gern durch Spinnhäutln?

RIESS-PASSER: He, he! Denkts dran, wo Ihr wärts, ohne ihn.

GEHRER: Jedenfalls eher net in an stinkerten Tunnel.

SCHÜSSEL: So, da warat ma. Herrschaften, der historische Moment ist gekommen. Will noch irgend jemand etwas sagen, bevor wir da raufgehen?

GRASSER: Ja, i. Hat wer a Kleiderbirschtn?

12. 2. 2001
Hello, Hoheit!

Prinz Edward wurde von der englischen Presse geprügelt, weil er auf einem Foto von der Ski-WM in St. Anton neben unserer international hoch angesehenen Vizekanzlerin stand. Dabei konnte er gar nichts dafür

PRESSESPRECHER: Susi, do issa. Press di schnö zuwe, i tscheck an Fotografen.
RIESS-PASSER: Oba zah an. Wer weiß, wie langs dauert, bis eam wer steckt, wer i bin. *(zum Prinzen)* Hello, Hoheit!

PRINZ: Good afternoon, Madame.
RIESS-PASSER: Nice weather, ha?
PRINZ: Oh, very nice indeed.
RIESS-PASSER: And the snow, so... white.
PRINZ: Yes. *(zu seiner Frau)* Who the hell is this?
PRINZESSIN: I have no idea.
RIESS-PASSER: Well, äh, Mister Prince, you know, I always liked the Royal Family very much.
PRINZ: I am certainly glad to hear that.
RIESS-PASSER: Yes, especially Lady Di. My friends always used to say that I look a bit like her.
PRINZ *(genervt):* Before or after the accident?
RIESS-PASSER: Ha! My boss Jörg once made exactly the same joke! I think, you would like him.
PRINZ: Well ...
RIESS-PASSER: Oh, a photographer! What an unbelievable coincidence! You don't mind, do you? *(Klick!)* Thank you so much, Hoheit! Bye-bye.
PRINZ: Wait a minute. Did she say Jörg?

19. 2. 2001
Auch ich!

Auf den neuen Plakaten der Wiener FPÖ stehen neben dem Kopf von Helene Partik-Pablé Slogans wie »Drogen: Auch ich bin Mutter« oder »Verkehrs-Chaos: Auch ich ärgere mich täglich«. Der Verdacht, die Helene sei auch nur ein kleines Würschtl, ist somit also aus erster Hand bestätigt. Dabei kommen die besten Slogans erst.

ARBEITSLOSIGKEIT: Auch ich fühle mich manchmal ziemlich überflüssig.
KULTUR: Auch ich bin entschieden dagegen.
PARKPLÄTZE: Auch ich finde nie einen und wenn, dann komm ich nicht rein, muss mich doch ins Halteverbot stellen und werde von den Scheiß-Sheriffs angezeigt.
BIM: Auch für mich steht nie einer auf.
HUNDSTRÜMMERLN: Auch ich hatsche dauernd rein und merke es erst, wenn später im Büro alle den Hilmar so komisch anschauen.
FERNSEHEN: Auch wenn ich aufdrehe, ist nie was Gscheites.
VIDEORECORDER: Auch ich kann ihn nicht programmieren.
EINGEWACHSENE ZEHENNÄGEL: Auch ich vertrage einfach keine Pumps.
WETTERBERICHT: Auch ich habe schon einmal den Regenschirm mitgeschleppt und ihn dann nicht gebraucht.
SEX: Auch ich habe keinen guten.

26. 2. 2001
Sanierer

Über die Fähigkeiten von Infrastrukturministerin Monika Forstinger werden laufend Unwahrheiten verbreitet. Dabei hat sie alles voll im Griff

FORSTINGER: ... und diese rote Verschwörung in mein Ressort zieht ja noch viel weitere Kreise. Es ist ja net nur die Verordnung, wo ich glaubt hab, ich unterschreib' den Menüplan von der Kantine ...
PRINZHORN: Den Menüplan?
FORSTINGER: Soll i jetzt neu regieren oder net? Letzte Wochen ham die hintereinander ein Szegediner und ein Stroganoff ghabt. Osterweiterte Kummerl-Küche! In meinen Augen is des ein Verrat an Österreich.
PRINZHORN: Unglaubliche Zuständ.
FORSTINGER: Gö? Aber des is no lang net alles. Du kennst ja meinen Kleidungs-Erlass, waaßt eh, kane Minis und so. Derwisch i doch letztens glatt zwa Schlampen mit an String-Tanga!
PRINZHORN: Nein!
FORSTINGER: Leider doch! A Sekretärin und an Sektionschef. Sie ham no versucht, falsche Tatsachen vorzutäuschen und behauptet, des is nur ein Fall von Arsch-frisst-Hose. I sag dir, manchmal weiß i gar net, wo i mit dem Sanieren anfangen soll, nach 30 Jahr Sozialismus.
PRINZHORN: Bei mir im Büro is es jo umgekehrt. Meine Schnitten miassn im Mini kumman. Kennst mi eh ... Du, und was gibts sonst? Was mach ma jetzt am Semmering?
FORSTINGER: Um was soll i mi no alles kümmern?

5. 3. 2001
Lauter Trotteln

Aschermittwoch, Ried, Jahnturnhalle, rechts vorn, Tisch 38

DER EINE: Wos hot a gsogt? I vasteh eam so schlecht.

DER ANDERE: Weust fett bist wia a Radiera. Dass da Fischer a Terrorist is, hot a gsogt.

DER EINE: I wü a net, dass der de ganzen Rindviecha verbrennt.

DER ANDERE: Ob er net den andern maant, den Greanen vo de Piefke?

DER EINE: Lauter Trotteln, de Greanan.

DER ANDERE: Heast, a Schnitzl hätt i liaba ois den Heringsschmaus do.

DER EINE: Bist gscheit, is jo Fosttog. Schoff da no wos zun Saufn au.

DER ANDERE: Geh, schene Frau, sans so kniawaach und bringans uns no zwa große Schligowitz. Und Ihna Telefonnummer, höhö!

DER EINE: Ui, jetzt hots oba bös gschaut.

DER ANDERE: Hot eh an Oasch wia a Postross.

DER EINE: Lauter Trotteln, de Weiba.

DER ANDERE: Hahaha! Ariel! Dreck am Stecken!

DER EINE: Wos?

DER ANDERE: Nau der Mu..., Mu..., geh, der hot so an deppatn Namen. Waaßt eh, der Saujud do in Wean, der ka Ruah gibt.

DER EINE: Gebn jo nie a Ruah. Und daun wundern sa se.

DER ANDERE: Lauter Trotteln, de Judn.

DER EINE: Des is jo übahaupt a Waunsinn, wia deppat de Leit oft san, ha?

DER ANDERE: Nau wos! Ha! Gruselbauer! Des is gelungen, heast!

5. 3. 2001
1968

Anlässlich der Premiere des Hippie-Musicals »Hair« am Wiener Raimundtheater machte profil eine Cover-Geschichte mit dem Titel »1968 – So wild war Österreich«. Teil dieser Geschichte war ein Fragebogen, in dem Prominente kundtaten, was sie damals denn so getrieben haben. Einige gaben keine Antworten – also musste profil sie selber geben ...

FRAGEN:
1. Gehörten Sie politischen Organisationen an? An welchen Aktionen nahmen Sie teil?
2. Woran glaubten Sie?
3. Wie haben Sie sich damals Ihre Zukunft vorgestellt und was wurde daraus?
4. Welche Musik haben Sie gehört?
5. Welches Outfit haben Sie getragen?
6. Was war Ihre Einstellung zu Liebe, Ehe, Familie und Sex?

ANTWORTEN:

Wolfgang Schüssel
1. Ich war Schriftführer bei dem VP-internen Geheimbund »Schwarze Faust«. Wir waren die jungen Revoluzzer. Einmal haben wir beim Fünf-Uhr-Tee vom Seniorenbund Grinzing den Zucker versteckt. Na, das hat vielleicht einen Wirbel gegeben.
2. An Gott, Josef Klaus und dass Mascherln cooler sind als Krawatten.

3. Ich wollte beim Wirtschaftsverlag pensionsberechtigt werden, ohne jemals dort zu arbeiten. Was aus diesem Traum geworden ist, geht aber niemanden was an.
4. Damals hab ichs noch gern ein bissl wilder ghabt: Doris Day und die Ray Coniff-Singers.
5. Auch ganz schön wild. Manchmal hab ich sogar das Leiberl aus der Hose hängen lassen.
6. Wichtig war vor allem die christlichsoziale Reihenfolge. Also hat es bis zum Letzten verflucht lang gedauert.

Jörg Haider
1. Ich war eine. Sonnwendfeiern, Goldhaubenfrauentreffen und circa 48 Mensuren.
2. An die Freiheit, die ich immer noch meine. Und dass die Landser in Wirklichkeit besser waren als der Russe. Der war nur mehr.
3. Ich wusste immer, dass ich ein in ganz Europa und auch an der Ostküste anerkannter Staatsmann werden würde.
4. Österreichische zuerst. Und die Liberace-Coverversion von »Schwarzbraun ist die Haselnuss«.
5. Trachtenjanker, Goiserer. Manchmal Goldhaube.
6. Naja. Jaja. Oja. Jaaaa!

Thomas Klestil
1. Der außerparlamentarischen Opposition, wie heute.
2. Eine Zeitlang habe ich geglaubt, wenn ich ganz böse schau, wenn mir was nicht passt, dann passiert es nicht.
3. Ich wollte Landwirtschaftsmessen eröffnen, Spatenstiche machen, Bänder vor neuen Autobahn-

teilstücken durchschneiden und zweimal im Jahr dieselbe Fernsehansprache halten... Bingo!
4. Zawinul. Aber nur wegen Erdberg. Gefallen hat mir das Gefudel nie.
5. Darüber möchte ich nicht sprechen. Edith hat mich immer angezogen.
6. Mein Gott, das weiß doch eh jeder.

Peter Westenthaler
1. Etwa eine Stunde nach meiner Geburt am 6. November 1967 habe ich den Jörg angerufen und erklärt, dass ich ihm beitrete. Meine erste politische Aktion war das von vielen gleichaltrigen Freiheitlichen besuchte Shit-In am Spielplatz Simmeringer Had unter dem Motto: »Dünnpfiff gegen Links«.
2. Gott war eine Brustwarze.
3. Ich konnte immer ursuper Bäuerchen machen und spürte instinktiv, dass sich das noch einmal lohnen würde.
4. »Und die Kuh macht Muh dazu« – damals wie heute mein Lieblingslied.
5. Strampelhose in der richtigen Farbe. Zum Glück war ich kein Mädchen.
6. Positiv. Aber mit mir wollte keine Doktor spielen.

Benita Ferrero-Waldner
1. Politischen nicht wirklich, aber ich oute mich jetzt: Ja, ich war ein Blumenkind. Zählt Blusenzerreißen in der ersten Reihe bei einem Doors-Konzert?
2. An Jim Morrisons Hüften.
3. Ich wollte Doors-Groupie werden. Kurz war ich es auch. Und als sich dann mit den Stones nichts

ergab, bin ich halt in den diplomatischen Dienst eingetreten.
4. Neben den Doors gefiel mir vor allem »Lucy In The Sky With Diamonds«.
5. In unserer Kommune waren meistens alle nackt.
6. In unserer Kommune waren meistens alle nackt.

12. 3. 2001
e-mail für dich

Postverkehr zwischen Wien und Klagenfurt

Von: wolfi@bka.at
An: simplythebest@kaernten.at
:-(mit dir hat man echt nur wickel. ich weiß, der deal war, ich werd kanzler, halt die goschen und du darfst den chef spielen. aber dir ist hoffentlich klar, dass ich mich wegen dem waschmittel-witz von dir distanzieren muss.

Von: simplythebest@kaernten.at
An: wolfi@bka.at
das ist mir so wurscht, wie wenn in china ein radl umfallt. die ariel-wuchtel ist super gekommen. nur weil du so lustig bist wie ein kropf...

Von: wolfi@bka.at
An: simplythebest@kaernten.at
im ministerrat lachen sie immer alle über mich.

Von: simplythebest@kaernten.at
An: wolfi@bka.at
das glaub ich gern. apropos: vergiss nicht die sache mit den unfallrenten! und außerdem machts ihr mir in kärnten keine ambulanzgebühren, gell, freund der blasmusik!

Von: wolfi@bka.at
An: simplythebest@kaernten.at
es reicht jetzt mit den dauernden ausnahmen für kärnten. ich muss da ein machtwort sprechen.

Von: simplythebest@kaernten.at
An: wolfi@bka.at
wolferl! du bist ja doch lustig!

19. 3. 2001
Psssst!

ÖVP-Generalsekretärin Maria Rauch-Kallat kommt kaum mehr damit nach, lästige Journalisten vom stillen Bundeskanzler fernzuhalten

Nein, Sie können den Herrn Bundeskanzler nicht sprechen. Der ist gerade auf Trainingslager bei den Trappisten und dann erfüllt er sich einen Jugendtraum und macht endlich diesen Pantomime-Workshop. Oh ja, bei den Mönchen war er schon oft. Drum hat er ja diese feinen Nuancen drauf. Sie werden doch letztens sicher auch diesen scharfen missbilligenden Unterton aus seinem Schweigen herausgehört haben. Und wie er dann noch nachgelegt und knallhart gesagt hat, dass Namensscherze nicht lustig sind? Mei Liaba! In Klagenfurt hat sich sogar der Lindwurm in die Hose ..., naja, hat ja keine, hihi. Und es ist ihm auch völlig egal, ob es um »Ariel« oder »Sprung in der Schüssel« geht. Oder »Viel Rauch-Kallat um nichts«. Er würde auch entschieden dagegen auftreten, wenn zu Ihnen jemand »Rainer Zufall« sagt. Aber ja! Da kennt er nichts. Der Andi und ich haben ihm schon öfter zu ein bisschen mehr Diplomatie geraten. Aber er ist fast schon erschreckend kompromisslos, wenn es um seine Prinzipien geht. Neues Regieren eben. Wie? Nein, nächste Woche auch nicht. Da lernt er die Gebärdensprache.

25. 3. 2001
Hinter den Kulissen

Der Tag, an dem Wien wählte

6.48 Uhr. Im Schlafzimmer des Ehepaares Görg.
GÖRG *(sich herumwälzend und im Schlaf redend):* Und Prolet ist noch viel zu fein für Sie, Sie ..., Sie ..., Parvenu, Sie ... Marktschreier, Sie ... Mistkäfer. Und wenn ich weniger als 20 Prozent krieg, dann nur, weil mein Intelligenzquotient in Wirklichkeit zu hoch ist, das sag ich Ihnen, mei liaba Herr ...
FRAU GÖRG: Wach auf, Bernie, isjaschongut. Zeit wirds, dass die Wahl endlich vorbei ist, jetzt träumst mir schon die vierte Nacht hintereinander von dem Westenthaler.
GÖRG: Heut wars bsonders schlimm. Heut war i bei einer Podiumsdiskussion mit ihm und auf einmal war i ganz nackert.
FRAU GÖRG: Das auch noch! Aber sowas in der Art träumt doch jeder von Zeit zu Zeit.
GÖRG: Und es waren lauter Blaue im Publikum, die mich ausglacht haben.
FRAU GÖRG: War ja nur ein Traum.
GÖRG: Und irgendwann hat er zu mir rübergezeigt und zu den Leuten gesagt: Und wie Sie sehen, ist nicht nur seine Intelligenz klein.
FRAU GÖRG: Und was hast du gsagt?
GÖRG: Ich hab gsagt: Mein Wort drauf, Wien – mir ist nur kalt.
FRAU GÖRG: Hmm. Willst an Kaffee?
GÖRG: Was heißt hier Hmm?
FRAU GÖRG: Oder lieber einen Tee?
GÖRG: Der Tag fängt ja gut an.

10.32 Uhr. Die Grünen fahren mit ihrer Wahlkampf-Tramway nach Simmering.

CHORHERR: I bin so nervös, i kanns gar niemandem sagen. Wie spät isses? Hamma jetzt endlich bald a Hochrechnung?

VAN DER BELLEN: Gleich. Nur mehr acht Stunden.

CHORHERR: Vierzehn Prozent mach ma, was? Oder fünfzehn.

VAN DER BELLEN: Werma sehen, Christoph. Übrigens hast du grad dein Handy in mein Müsli gelegt.

CHORHERR: Handy! I ruf in der Wahlleitung an, vielleicht wissen die...

PILZ: Habts eam scho wieder des Kräuter-Koks aus Guatemala geben? Ihr wissts doch, dass er dann nimmer zum Derreiten is.

VAN DER BELLEN: I find auch, er sollt lieber mit dem Rauchen anfangen. Apropos, kömma dann einmal kurz stehen bleiben?

CHORHERR: Liaba net, da auf der Geiselbergstraßen hättens uns schon beim Wahlwerben fast ghaut.

PILZ: Des ist schließlich Westi-Wüste da.

VAN DER BELLEN: Warum fahr ma dann eigentlich da herum?

CHORHERR: Weil das originell ist.

VAN DER BELLEN: So?

CHORHERR: I muaß mi irgendwie ablenken. Schauts, da is mei Manuskript für später. Soll i sagen: »Ich freue mich, dass so viele Wienerinnen und Wiener ihre Stimme der Zukunft gegeben haben«, oder soll ich einfach spontan ausrufen: »Ich danke Euch allen!«

PILZ: I sag des jetzt ungern, oba hoffentlich verlier ma.

13.24 Uhr. Die SPÖ-Spitze isst zu Mittag. Nach der Leberknödelsuppe treffen sich Bürgermeister Häupl und Bundesparteichef Gusenbauer am Klo.
HÄUPL: A weh!
GUSENBAUER: Was is, hast ka guates Gfühl?
HÄUPL: Oba na. Nur Blähungen.
GUSENBAUER: Da machen andere Plakate draus.
HÄUPL: Der Karawanken-Koffer wird schee schauen heit auf d' Nacht.
GUSENBAUER: Du, weil ma jetzt grad ungestört san: I möcht noch einmal deponieren, dass i für Rot-Grün bin.
HÄUPL: A weh!

GUSENBAUER: Na geh, so arg? Schon nach der Suppen?
HÄUPL: Nana, des war jetzt wengan Chorherr.
EDLINGER: Freindschoft! Geh, ruck ans umme, Fredl. Wia hammas, Männer?
GUSENBAUER: Schwarz oder Grün, Rudl?
EDLINGER: Weder noch, seit i des letzte Mal beim Urologen war.
HÄUPL: Geh, sei net immer so vü bled. Mit wem soll i koalieren?
GUSENBAUER: Ich als Bundesparteiobmann ...
EDLINGER: Schwarz.
GUSENBAUER: ... bin für Grün.
HÄUPL: Ihr seids ma a große Hilf. I geh jetzt zu mein Zwiefelrostbraten.
EDLINGER: Hat er eigentlich in nächster Zeit irgendwelche Termine?
GUSENBAUER: Erst am Abend wieder. Wieso?
EDLINGER: Weil er si die Händ net gwaschen hat.

16.36 Uhr. FPÖ-Parteizentrale. Helene Partik-Pablé bemüht sich bis zuletzt um jede Stimme.
PARTIK-PABLÉ: Hallo? Sprech ich mit Frau Prskvacacac? Grüsssie, Helene Partik-Pablé hier. Die einzige Alternative. Nein, Al-ter-na-ti-ve. Alt und naiv ist vielleicht der Häupl. Gehn S', Frau Prskvacacac, unsere Wahlhelfer haben mir gsagt, dass Sie als Einzige von der Viererstiege no net wählen waren. Und das find ich schad, weil Sie doch sicher auch nicht wollen, dass die Roten in unsere Gemeindebauten die Ausländer hineinlassen. Wie? Oh. Deshalb brauchen Sie aber nicht gleich ausfällig zu werden. Das ist wieder einmal typisch: Da nimmt man Sie mit offenen Armen auf, füttert Sie durch, haut Ihnen die Staatsbürgerschaft nach und dann täten S' zruckreden a no. Hallo? Hallo? *(legt auf)*.

Kreissl! Da hätt dir scho was auffallen können bei dem Namen Prskvacacac. Na, net kumma jetzt mit Hojac. Brauchst du für alles des EKIS? Gimma die nächste Nummer. Wia haaßt de? Meier, aha.

Hallo, Frau Meier? Helene Partik-Pablé hier, die einzige ... Ja, genau, ich bin selbst Mutter. Warum ich Sie anruf, Frau ... Was? Nein, wo denken Sie hin. Ach, Sie schon? Aha. Und Sie täten uns wählen, wenn wir nicht ...? Also gut, aber das muss unter uns bleiben: Ich hab schon einmal, aber ich hab nicht inhaliert. Aber nein, der Jörg ist da auch nicht so. Der baut selber an bei ihm daheim ... Was? Das ist ja eine Ungeheuerlichkeit. Und so ein Tonband nützt Ihnen vor Gericht gar nichts. *(legt auf)*. Du, Kreissl? I glaub, wir lassens jetzt gut sein.

23.55 Uhr. Im Klub des Liberalen Forums.
FRISCHENSCHLAGER: Soll ma uns gleich morgen zsammsetzen wegen der Versteigerung von den Möbeln und so?
BOLENA: Ma, bin i blau.
FRISCHENSCHLAGER: Jetzt is z' spät.

2. 4. 2001
Kandidaten

Nach ihrer herben Niederlage bei der Wiener Wahl vergisst Helene Partik-Pablé flugs ihr Versprechen in den Wiener Gemeinderat zu übersiedeln und bleibt im Parlament

Wien, 14. Oktober 2003. Als »linke Schmutzkübelkampagne« hat heute FPÖ-Klubobmann Peter Westenthaler jene Gerüchte bezeichnet, denen zufolge der liebe Gott in Wahrheit nie daran gedacht hätte, für die FPÖ in den Nationalrat einzuziehen. Gott hatte im Wahlkampf, in dem er auf persönliche Auftritte zugunsten Jörg Haiders verzichtet hatte, vor allem mit dem Plakat-Slogan »Ich wohne aber sicher nicht in Mekka« aufhorchen lassen, sich aber nach der Niederlage der FPÖ entschlossen, doch im Himmel zu bleiben, wie sein Sprecher Kurt Krenn gestern bekannt gab. Westenthaler bezeichnete es als völlig unproblematisch, dass nach Rapid Wien, Hermann Maier, Arnold Schwarzenegger, George Bush sen. und jun., Brad Pitt, Jennifer Lopez, Dolly Buster und dem Yeti ein weiterer FP-Kandidat sein Mandat nicht annimmt. »Schließlich verfügen wir über eine starke Personaldecke.« Die FP-Riege im Parlament wird nun von Helene Partik-Pablé angeführt. Partik-Pablé wird bei den kommenden Landtagswahlen in Niederösterreich, Tirol, Salzburg und Vorarlberg als Spitzenkandidatin der FPÖ antreten – und somit also sicher im Nationalrat bleiben.

9. 4. 2001
St. Patrick

Was neulich in der Tiefgarage des Innsbrucker Flughafens wirklich geschah

HERR: Jetzt hab i aber genug! Ziehen Sie sich ihre schiache Unterflack wieder an, sofort!
DAME: Oba geh, Sssatzi, sei net so halbert. Vo mir ausss derfst auch a Bestzeit aufstelln.
HERR: Des hat ma von seiner Gutmütigkeit. Wir suchen hier nur ein Taxi, vergessen? Das besorg ich Ihnen noch – anständig.
DAME: Ganz mei Red.
HERR: Schämen Sie sich. Sie sollten es einmal mit Sport statt Drogen probieren.
DAME: Heast, des hat jetzt vier Stund dauert, dass i ma di schee sssauf. Mit Kniebeugen allan hätt des sicher net funksssioniert.
HERR: Gnädigste, Sie gehen da von völlig falschen ..., jessas, net den BH a no!
DAME: I hätt ma denkt, wegen an Autogramm ... Patrick rechts und Ortlieb links, ha? Do taten de Kolleginnen im Nagelssstudio schauen!
HERR: Jetzt reißt mir aber endgültig die Geduld. Raus mit Ihnen!
DAME: I warat oba grad nackert.
HERR: Is des vielleicht mei Schuld? Do ham S' an Tausender fürs Taxi und kaufen S' Ihnen auch gleich an Tanga, weil de Pumpanölla is jo net zum Anschauen.
Dame: Des is alles sehr verwirrend *(steigt aus)*.
HERR: Des glaubt ma wieder kana.

14. 4. 2001
Hirn mit Ei

Der Vorschlag Peter Westenthalers, die Koalition solle über Ostern »das Hirn ausrauchen« lassen, wurde beim gemeinsamen Eiersuchen prompt umgesetzt

MOLTERER: Kalt, kalt, uiiiiijeeee, ganz kalt.
HAUPT: Geh bitte, pflanz wen andern. Wie lang soll i do no im Kreis rennen?
MOLTERER: Oba Herberti, tua net keppeln. Des bist doch gwöhnt.
KHOL: Wo is eigentlich da Westi, mei goldener Bua?
GEHRER: Der is beleidigt, weil eam wer an Schokohasen ins Nest tan hat, der ausschaut wie der Gusenbauer. Jetzt telefoniert er schon seit zwa Stund mit Kärnten.
SCHÜSSEL: Kinder, seids dann so weit? Wir könnten jetzt a bissl Video schauen.
RIESS-PASSER: Was für eins denn?
SCHÜSSEL: »Speed«.
RIESS-PASSER: Sehr witzig. Kumm, tua, was d' am besten kannst und halt einfach de Pappn.
HAUPT: I scheiß eich jetzt was auf de bleden Eier.
WESTENTHALER: Der Jörg hat gsagt, wenn er draufkummt, wer mir des antan hat, spüts Granada. So.
MOLTERER: Jetzt fürcht i mi oba.
WESTENTHALER: Des hätt i ma glei denken kennan, dass des du warst.
MOLTERER: Oba du denkst ja an dem Wochenende net. Ausnahmsweise.
SCHÜSSEL: Kinder, i bitt eich goa schee!
WESTENTHALER: I geh jetzt den Jörg anrufen.

23. 4. 2001
Freundschaft!

*Die neuesten Personaldiskussionen innerhalb
der SPÖ*

GUSENBAUER: Oba schau, Peda, Voiksaunwoid is doch a super Hackn. Du zahst a Mörder-Marie ham und brichst da sicher kan Fingernagel ab.
KOSTELKA: Super Hackn ... De fromme Helene und i. Und dann vielleicht a no de Kallat Mitzi. Des war scho immer mei Traum.
HÄUPL: I versteh jo, dass d' a bissl angspeist bist. Oba mir ham den Eindruck, dass du di ois Klubobmann gegen Pat und Patachon a bissl schwer tuast. Außerdem brauch ma afoch neiche Gsichter an der Front.
KOSTELKA: Eh. Und des Gsicht vom Cap Pepperl is jo erst seit 20 Jahr neich. Allanich für sei Mascherl-Phase ghearat eam heit no des Mandat aberkannt.
Gusenbauer: Da schau her! Sunst klingt a immer wie a Valium mit Haxn und jetzt auf amoi tät er austeilen.
HÄUPL: Geh Fredl, is des jetzt wirkli notwendig?
GUSENBAUER: Hurch, der Chef bin immer no i.
KOSTELKA: Und waaß des a wer außer dir?
GUSENBAUER: Schau, er gibt afoch ka Ruah net.
KOSTELKA: I hab scho vor an Jahr gsagt, mit dem reiß ma ka Leiberl, hab i's net gsagt, Michl? Valium ... Do springt an jo der Feidl im Sack auf, heast. Michl? Michl! Wo rennt er denn hin?

30. 4. 2001
Integration

Die von der FPÖ geforderten Integrations-Prüfungen für Ausländer könnten sehr interessant werden

PRÜFER: Da Nägstä! So, wos haumma denn do. Aha, den Deitschkurs host oiso dazaht.
AUSLÄNDER: Äh, wie bitte?
PRÜFER: Wos haaßt wie bitte? Vastehst mi net? Host den Deitsch-Prüfa ane vo deine sieben Schwestern burgt, dass a di durchlosst?
AUSLÄNDER: Wenn schon, dann dem Prüfer. Dativ.
PRÜFER: Huach, Mustafa, net sog Dadief zu mir. Nau, des werma glei haum. Oiso, Fach »Land und Leute«: Wos issdn am liabsten?
AUSLÄNDER: Ich würde sagen Lammrücken.
PRÜFER: Uiii – und scho foisch a. Nehma a Spuatfrog. Kennst den Klammer Fraunz?
AUSLÄNDER: Ich interessiere mich zwar nicht sehr für Skifahren, aber ich weiß, dass er 1976 Olympiasieger geworden ist.
PRÜFER: Des waaß a jeda Trottel. Oba mit wöchana Zeit?
AUSLÄNDER: Keine Ahnung. Ist das wichtig?
PRÜFER: Wos bei uns wichtig is, des bestimman imma no mia. Und jetza sing ma den Refräu von dem Didschäi Ötzi do.
AUSLÄNDER: Kenn ich nicht.
PRÜFER: Wos bleibstn net daham, waunst di eh net indegrian wüst? Letzte Schauns: Warum is Östareich des leiwaundste Laund auf da Wöd?
AUSLÄNDER: Ist es das?
PRÜFER: Naujo, Zlatko, des woa a glotta Fleck. Du kriagst daun Bescheid wegn de Sangtionen. Und tschüss. Da Nägstä!

7. 5. 2001
Blue Movie

Die Steigerung der Geburtenrate im Jahr 2000 sei selbstredend auf die gloriose schwarzblaue Familienpolitik zurückzuführen, meinte Peter Westenthaler jüngst. Und obwohl eine Schwangerschaft hierzulande immer noch völlig ineffiziente neun Monate dauert – eine weitere Altlast 30 roter Jahre – hat Jörgs Lautgeber natürlich Recht

Am Abend des 4. Februar 2000 in praktisch jedem Wiener Zinshaus.
FRAU: Maaaauuuusiii! Sie san aungelobt! Und i hab den schoafen String vom Universal-Versand an. Jetzt muaßt hoidn!
MANN: I brings jetzt oba glaub i net. De Riess war grad im Fernsehen.
FRAU: Heast, wanns net in de nächsten zwa Monat pascht, kriag ma heuer kan Pamperletsch mehr zsamm. Schließ die Augen und tuas für de Regierung.
MANN: Des nutzt a nix. De hab i eh scho a paar Jahr nimmer aufgmacht.
FRAU: Der Schurl ausn dritten Stock is heit extra früher hamkumman. Do oben schepperts scho seit zwa Stund. Oiso stell di jetzt net so an.
MANN: Na guat, vorher gibst eh ka Ruah. So ..., wart a bissl, jo, guat, ah ...
FRAU: Jo, gimmas, dü wüder Westi ...
MANN: Was?
FRAU: ... dü wüder Westindier. Des san jo bsundere Hengste durt.
MANN: Ah so. Jooo, supa ..., uuuaaaah! Wars für di a so schee?
FRAU: Wia no nie.

14. 5. 2001
Vienna Calling

Der Besuch des deutschen Bundeskanzlers Gerhard Schröder in Wien wird wirklich minutiös vorbereitet

SCHÜSSEL: Hallo, Gerhard? Servus du, hier Wolfgang!
SCHRÖDER: Wer?
SCHÜSSEL: Schüssel.
SCHRÖDER: Wer?
SCHÜSSEL: Weißt eh, der kleine Lustige, der bei den Gipfeln immer neben dir sitzt.

SCHRÖDER: Da sitzt doch aber immer dieser impertinente Ösi ...

SCHÜSSEL: Na schau, kennst dich eh schon aus. Du, ich wollt nur ein paar Details besprechen wegen deines Wien-Besuchs, ganz informell. Möchtest du zu Mittag lieber ein Schnitzel oder einen Rostbraten?

SCHRÖDER: Ich glaube, ich werde keinen Hunger haben.

SCHÜSSEL: So? Naja, die Linie. Ich sag ja auch immer zur Gigi, tu mir ja nicht zu fett ...

SCHRÖDER: Wäre das jetzt alles?

SCHÜSSEL: Äh, nein, es wär noch wegen, naja, könnten wir das Treffen vielleicht ein bisschen verlängern, weil ...

SCHRÖDER: Ach, ich denke zehn Minuten sind ohnehin reichlich bemessen, nein?

SCHÜSSEL: Aber die Vizekanzlerin würde auch gern mit dir plaudern.

SCHRÖDER: Gut, dann also fünf Minuten.

SCHÜSSEL: Äh, ja, sehr schön. Du, ich bin wirklich froh, dass wir uns jetzt wieder so gut verstehen, nach dem ganzen Sanktionstheater. Das muss dich doch auch freuen, oder Gerhard? Gerhard? Hallo?

21. 5. 2001
Telegramm

Die Bundesregierung freut sich mit Recht, dass Silvio Berlusconi die Wahlen in Italien gewonnen hat

WESTENTHALER: Schreibt ma »auguri« mit stumman H?
RIESS-PASSER: Hmm. Der Jörg tät des wissen.
RAUCH-KALLAT *(am Telefon)*: Die Uschi meint, wir sollten mit »Ave Caesar« anfangen ...
SCHÜSSEL: Na gehts, des is vielleicht do a bissl viel.
WESTENTHALER: Außerdem denkt ma si da, dass dann moribundi Tee und des Dings mit der Tant kumman muaß.
RIESS-PASSER: Pfau, hast du Latein glernt?
WESTENTHALER: Bist oag? Asterix hab i gern glesen. Des woa supa, waaßt eh, wies den Nega immer versenkt ham, der wos net gscheit reden hat kenna.
SCHÜSSEL: Wir bleiben einfach bei »Lieber Silvio« und aus.
RIESS-PASSER: I bin ja so froh, dass der gwonnen hat. Jetzt samma endlich nimmer de Anzigen, de kana leiden kann.
RAUCH-KALLAT: Die Uschi meint, jetzt wird sie in Brüssel endlich wen ham, der mit ihr auf a Achtel geht.
RIESS-PASSER: Nur den Namen von der Partei hätt i geändert. »Forza« klingt irgendwie so ..., so ...
WESTENTHALER: Nach an Schas.
SCHÜSSEL: Kinder, so kumma net weiter. Wenn ma die Ersten sein wollen, die gratulieren, dann sollt ma des schnell abschicken.
RIESS-PASSER: Wer gratuliertn leicht no?
SCHÜSSEL: A wieder wahr.

1. 6. 2001
Sanktionen

Die FPÖ beantwortet den Affront durch Gerhard Schröder, der bei seinem Wien-Besuch unsere Vizekanzlerin nicht sehen wollte, mit aller Härte

HAIDER: Und damit de Briada sehn, dass mas ernst maanan, fahr ma ab jetzt nimmer ins Ausland. Do werns schee schauen.

RIESS-PASSER: Na geh, nur weu mir der unwichtige Koffer net de Hand geben woit, derf i nimmer nach Thailand? Des war oba so billig.

HAIDER: Nix do. Ausser der Kenich lasst si mit dir fotografieren, wia haaßt a schnö, der oide Reisfresser ..., Bummi ..., Bumsti ... so irgendwie.

WESTENTHALER: Und zu mein Frisehr auf Sopron losst mi a net? I sags jo net gern, oba in Wean bringt des kana so zsamm.

HAIDER: Do kennt ma a Ausnahm machen. Der Orbi is eh leiwaund. Oiso, zumindest fia an Ungara.

ZIERLER: Derf i a was sagen?

HAIDER: Thesi, mir denken do noch. Reds in a Plastiksackl, i hurch mas nocha an.

ZIERLER: O.k. War heit scho wer beim Billa?

RIESS-PASSER: Und wia is' eigentli umgekehrt? I maan, dass da Blea, da Schospäu und de gaunzen Gfriesa net offiziell kumman derfen, is eh kloa. Oba wos is, wenns Urlaub mochn woln?

HAIDER: Oba wirkli net.

WESTENTHALER: Und wia soll ma des verhindern?

HAIDER: Mir machen a Wodschlist. Wos de Ostküste kann, kemma no laung.

RIESS-PASSER: Hmm. Ob uns da Klaane do mitspüt?

HAIDER: Seit wann kann a si des aussuachn?

25. 6. 2001
Beiß eam!

Coach Walter Schachner sowie Taktik- und Mentalbetreuer Jörg Haider beim Training des FC Kärnten

SCHACHNER: Brav, Stanko! Und jetzt hau eam ausse am Fligl!
HAIDER: Beiß eam! Steig eam auf de Ferschn!
SCHACHNER: Geh, Jörg, des is do nur a Training …
HAIDER: Na und? In da Partei mach ma des genauso. Und de Jugos muaßt sowieso immer in Oasch tretn.

SCHACHNER: Des is a Krowod.
HAIDER: Sag i jo.
SCHACHNER: Jo, Zdenek, schee. Schiaß!
HAIDER: Zdenek? A Behm a no?
SCHACHNER: Mir ham a bissl osterweitert.
HAIDER: Do hätt ma oba scho des Volk befragen kennan. Oiso mi, höhö. Naja, muaß i hoit aufpassen, dass i am Mannschaftsfoto net neben eam steh. Geh zuwe, heast, brich eam de Nosn!
SCHACHNER: Wann ma so spün, wie du des wüst, kriag ma in jeder Partie drei Rote.
HAIDER: Eh. Des wird lustig: Ausgrenzung durch Auswachler, linke Schiedsrichterverschwörung,... Vielleicht mach i's a zur Koalitionsfrag, dass de Admira absteigt. Da gift si wenigstens der Glatzerte in Pölten.
SCHACHNER: Spü eam in Sasa, Almedin!
HAIDER: Sasa? Almedin? Wo bin i denn do? Nana, de hau ma olle ausse.
SCHACHNER: Da Trainer bin immer no i.
HAIDER: Komisch. Sowas ähnliches büdt si de Susi a ein.

2. 7. 2001
Armer Westi

Der FPÖ-Klubobmann macht sich Gedanken über sein Image

WESTENTHALER: Duhu, Susi? Warum kann mi eigentli kana leiden?
RIESS-PASSER: I kann di jo eh leiden.
WESTENTHALER: Naja, du muaßt jo a. Ah, wart kurz. *(ins Telefon).* Grüssie Herr Redakteur. Gehn S', i mechat heut abend in der ZiB was Wegweisendes sagn. Wenn S' mir ein Kamerateam schicken, 14 Uhr wär mir Recht. Und des mach ma zur Hauptmeldung, gell?
RIESS-PASSER: Wie kummst do jetzt drauf?
WESTENTHALER: Naja, de Journalistenaffen machen si nur lustig über mi und in de Umfragen bin i ungefähr so beliebt wie Kehlkopfkrebs. Des kränkt mi. *(ins Telefon).* Wos haaßt na? Se, wann S' Ihna lang spün, i hab Ihrn Dienstvertrag, nur dass ma uns richtig vastehn.
RIESS-PASSER: Hmm, do is was dran...
WESTENTHALER *(ins Telefon):* Und a Wort zu Ihre Hawara bei de Zeidungen und Se san klagt, Freund der Blasmusik. *(legt auf).* Wieder ana auf der Listen. Apropos, soll i desmal ausschicken, dass da Weis a pensionsreifer Lügner is und da Sallmutter a linker Bankrotteur oder umgekehrt?
RIESS-PASSER: Wurscht. Und wannst dir an Imätsch-Berater nimmst?
WESTENTHALER: Oba i warat jo eh scho gebildet, witzig, höflich und fesch. Und trotzdem ...
RIESS-PASSER: Manchmal vasteh i de Wöd a net.

9. 7. 2001
Bitte, bleib!

Die Nacht, in der niemals ein Rücktritt zur Debatte stand

WESTENTHALER: ... und drum könnts ihr mir jetzt de Schuach aufblasen. Machts eich den Dreck allanich. So.
RIESS-PASSER: Geh, Petzi, du bist do unser Bester. Sag eam des, Jörg!
HAIDER: Mhm.
WESTENTHALER: Mhm? Des is alles?
RIESS-PASSER: Was er sagen wollt, is, dass niemand von uns de Leit so zielsicher ...
HAIDER: ... anbrunzen kann.
WESTENTHALER: Schau, er desavuriert mi scho wieder.
HAIDER: I di? Hurch, Burschi, was war des erste, des du bei mir glernt hast?
WESTENTHALER: I soll nur an einen Gott glauben?
HAIDER: Ahja, na, i maan do des zweite.
WESTENTHALER: A Pfiff haaßt: Platz!
HAIDER: Eben. Und gilt des jetzt nimmer?
WESTENTHALER: Oba zerscht sagst, i soll dem Weis den Hals durchbeissen, und dann pfeifst auf amoi. Da hab i ma denkt ...
HAIDER: Was war des dritte, des du glernt hast?
WESTENTHALER: Denken tuat aner. Und des bin net i.
RIESS-PASSER: Und außerdem, Petzi, wannst jetzt gehst – was willst denn nachher machen?
WESTENTHALER: I könnt sicher ..., äh, in der Privatwirtschaft ...
HAIDER: Wann a si lang spüt, schick ma eam zruck ins Heim.
WESTENTHALER: O.k. I bleib.

16. 7. 2001
Riesen & Zwerge

Der Tiroler AK-Präsident Fritz Dinkhauser und der niederösterreichische AK-Vize Alfred Dirnberger (beide ÖVP) kritisieren die Sozialpolitik der Regierung. VP-Klubobmann Andreas Khol nennt Dirnberger daraufhin den »siebenten Zwerg von links«

KHOL: I sag dir ... Der Dinkberger nervt vielleicht!
Schüssel: Dirn.
KHOL: Heast, wann di wer hört. Jetzt han i mi grad erst für den Zwerg entschuldigen miaßn.
SCHÜSSEL: Na, Dirn statt Dink hab i gmeint.
KHOL: Des is do der andere. Der Dirnhauser, oder?
SCHÜSSEL: Echt? I kriag de zwa dauernd durchanaund. Is oba eh wurscht.
KHOL: Gwandläus.
SCHÜSSEL: Mikroben.
KHOL: Da samma endlich Kanzler und dann glauben diese Figuren, sie miassn si einmischen, während wir Geschichte schreiben.
SCHÜSSEL: I sag ja immer: Was kümmerts den Mond, wenn die Hunde heulen?
KHOL: Pfauh, danke! Jetzt bin i fast a weng gerührt.
SCHÜSSEL: I hab eigentlich eher mi gmeint.
KHOL: Ah so ... Naja, egal. Oba der oane gibt ja immer no koa Ruah nit.
SCHÜSSEL: Der Dink oder der Dirn?
KHOL: Der ..., der oane hoit. Der wüll jetzt irgend a Urabstimmung.
SCHÜSSEL: I sag dir, in Wirklichkeit san des rote Briada.
KHOL: Eh. A Schand is sowas.

SCHÜSSEL: Andererseits muaß bei uns im Prinzip jeder Funktionär des Recht ham.
KHOL: Ha, der is scho bis daher guat!
SCHÜSSEL: Oba immerhin hat uns der ane de AK-Wahl gwunnan. In ...
KHOL: ... Tirol?
SCHÜSSEL: I glaub. Und es war der ..., wart, i habs glei.

23. 7. 2001
Revolution!

Jörg Haider erblickt im Beschluss des ÖGB eine Urabstimmung abzuhalten einen Destabilisierungsversuch, mit dem Zweck die Regierung zu stürzen.
Er muss es ja wissen

HAIDER: ...und außerdem hat mir mei Bergführer derzählt, dass sei Fußpflegerin a Freindin hat, dera ihr Stiefcousine a Tarotkartenlegerin kennt, dera ihr Sohn Koch und Kellner lernt – und der hat den Klestil und den Verzetnitsch bei an konspirativen Abendessen bedient. Vü Maut hams geben. Und sogar glacht hams amoi. Und des ollas in wöchn Lokal? Im »Roten Wolf«! Ha! Und des is ka Beweis?
SCHÜSSEL: I waaß net ... Ob du di do net a bissl einesteigerst?
HAIDER: Typisch. De destabilisieren se unter deiner Nasn an oba und du kriagst ka Deka mit.
SCHÜSSEL: I trau dem Klestil vü zua, oba sowas do net.
HAIDER: Ah so? Und wie erklärst da dann, dass mir ana vo unsere AUF-Kieberer, der in dritter Ehe mit der Gschiedenen von an Bierführer verheirat is, der mit dem Portier von Wöff Klicko am Dunnerstag immer Kegelscheiben geht, gsteckt hat, dass der Hofburg-Hundling fürn Herbst fuffzg Kisten Champagner bestellt hat?
SCHÜSSEL: Weil er mit seine Staatsgäst vü tschechert?
HAIDER: Mei, bist du naiv. Den Umsturz wülla feiern, wann uns seine Sozi-Hawara niedergstreikt ham. Oba de wern mi no kennalerna. Staatsnotstand, Bundesheer, Schießbefehl ...
SCHÜSSEL: Bist narrisch? Ohne mi!
HAIDER: Vo mir aus.

30. 7. 2001
Unter den Talaren

Die Bischöfe L und K in der Diözesan-Sauna

K: Na bumsti ...
L: Und wenn wer einekommt? Außerdem hab i heut in der Früh scho unter der Dusch ...
K: I wollt sagen: Na bumsti, so a Obstler-Aufguss fahrt anders ein wie a Messwein.
L: Ah so! Und i hab glaubt ... I sag dir, des is nur, weils uns dauernd zwingen, über dreckigen Sex zu reden. Als ob wir kane andern Sorgen hätten.
K: Und dass de grüne Kampflesbn a no mitn Finger auf unsern Hans-Hermann zeigt! Wobei i gar net wissen mecht, wo der Finger scho überall gwesen is.
L: De tuat grad aso, als tät in der Schrift irgendwo stehen, dass Spatzi waschen verboten ist.
K: Was wissen de da draußen scho von der Schrift? Manchmal denk i ma echt, i hätts a leichter, wenn i net erleuchtet wär.
L: Wem sagst des ... Soll ma jetzt de Schwester Magdalena fürn Aufguss rufen? De hätt a größeres Herz als de Nothburga.
K: Stimmt. Du, was haltertst du eigentlich davon, wenn ma de Männerbewegung geschlossen exkommunizieren?
L: Hervorragend! Dann hätt ma die Welt wieder a Stückerl besser gmacht.
K: Wer sonst, wenn net wir? Ah, Schwester Magdalena! Da drüben liegen die Birkenzweigerln. Und haun S' ruhig fest hin. Vergelts Gott!

6. 8. 2001
Amtsbekannt

Außenministerin Ferrero-Waldner verteidigt die Festnahme der Volxtheater-Gruppe in Genua mit dem Hinweis, einige der Aktivisten seien »amtsbekannt«. Dass sie aber alle unbescholten sind, interessiert sie weniger

FERRERO: Amtsbekannt? Ich? Das ist ja ungeheuerlich!
STRASSER: Jetzt reg di net auf, Beniterl. Mir ham doch praktisch über jeden an Akt.
FERRERO: Aber ich hab doch nie was angstellt.
STRASSER: Hmm. Und was war 1971 mit der Gruppe Revolutionärer Marxisten?
FERRERO: Da war ich doch nur auf einer Podiumsdiskussion! Und ich schwör, ich hab nicht kapiert, von was die da reden.
STRASSER: Die Stapo hat di jedenfalls fotografiert. Schau her.
FERRERO: Jessas! Schmeiß das weg!
STRASSER: Aha. Schlechtes Gwissen?
FERRERO: Nein. Aber diese Frisur!
STRASSER: Und 1983? Verdacht auf Pretiosenschmuggel?
FERRERO: Da hat mir der Zollbeamte am Flughafen nur nicht glaubt, dass das alles meine Perlenketten sind.
STRASSER: Soso. Naja, was hamma da noch ..., uiii, Exhibitionismus-Verdacht 1992. Aber, Benita!
FERRERO: Also, das ist doch ... Da hab ich im Wienerwald ganz dringend Pipi müssen. Und dann ist leider eine Schulklasse vorbeigekommen. Gott, war das peinlich!

STRASSER: Und dieses Telefonabhörprotokoll von vor drei Wochen ist auch unangenehm. Hast du wirklich deine Haushälterin Drogen kaufen gschickt?
FERRERO: Meine Anti-Faltencreme sollt sie mir besorgen – in der Drogerie. Das ist ja alles ein Skandal! Ich bin unschuldig!
STRASSER: Vermutlich.

13. 8. 2001
Fragen über Fragen

Das Temelin-Volksbegehren ist beschlossene Sache. Aber die FPÖ überlegt bereits, noch ein paar andere abzuhalten

HAIDER: Und nochdem eich eh nix Besseres einfallt, beschließ i jetzt einstimmig, dass ma frogn: »Sind Sie dafür, dass durch die Osterweiterung die Nettozahlung der Österreicher erhöht wird?«

WINDHOLZ: Sollt ma des net afocher ausdrücken? Mir hätten uns für unsern Temelin-Schmäh sowas denkt wia: »San Se dafia, dass se de foischn Behm EU-mäßig brausen gehn kennan?«

SICHROVSKY: Brausen gehn sagt ma net.

RIESS-PASSER: Und des Wort Temelin fehlt.

Kabas: Weus wurscht is.

WINDHOLZ: Wos is jetzt wieda schlecht an brausen gehn?

HAIDER: Oiso, Nettozahlung versteht do sogoa unsa Kundschoft.

KABAS: Oba Osterweiterung is a bissl sperrig. Sollt ma net deutlicher sogn, dass' um Tschuschen geht, de neger san?

WINDHOLZ: Is des leicht a wos vo de Nazi?

RIESS-PASSER: Nana, ois Regierungspartei miaß ma elegant sein. Schau, beim Steuerreform-Volksbegehren mach ma: »Wollen Sie weniger Steuern zahlen?«

SICHROVSKY: Und i bin immer no für: »Sind Sie gegen Regen am Wochenende?« Des wär ideal, wenn si grad einmal nix anderes anbietet.

HAIDER: Ah geh, irgendwos bietet si für uns Basisdemokraten do immer an.

WINDHOLZ: Mir erklärt nie ana wos. I fall immer durch den Rost.

RIESS-PASSER: Basisdemokraten! Für den kriagst an Schilling!

SICHROVSKY: Äh ..., Ernest?

20. 8. 2001
Therapie

Maria Rauch-Kallat ließ verlauten, sie wolle nur mehr bis 2004 ÖVP-Generalsekretärin sein – und danach Psychotherapeutin werden. Gute Idee

RAUCH-KALLAT: Der Nächste!
SCHÜSSEL *(sich vordrängend):* Gengan S' weg da. Sie wissen wohl net, wer i war?
RAUCH-KALLAT: Wolfi! Wie gehts dir diese Woche?
SCHÜSSEL: Schlecht. Mi hat schon wieder kein Journalist angrufen, der was über meine historischen Ver-

dienste als bedeutendster Kanzler der zweiten Republik wissen wollt.

RAUCH-KALLAT: Wolfi, du bist nimmer Kanzler. Die werden net anrufen.

SCHÜSSEL: Und träumt hab i auch wieder. Zweimal bin i aufgwacht, weil i gschrien hab: Aber des mit der Opposition war do net ernst gmeint!!

RAUCH-KALLAT: I hab dir schon damals im 2003er Jahr gesagt, dass derselbe Schmäh net zwei Mal reingeht.

SCHÜSSEL: Eh. Aber i hab jetzt halt so viel Zeit zum Nachdenken.

RAUCH-KALLAT: Wie lauft denn die Beschäftigungstherapie?

SCHÜSSEL: Naja. Die Seidenmalerei hab i wieder aufgeben, weil die Gigi gsagt hat, sie hat scho genug schwarze Tüchln. Des japanische Papierfalten is überhaupt Scheiße. Und so a Busek-Bart wachst mir einfach net.

RAUCH-KALLAT: Was mach ma nur mit dir?

SCHÜSSEL: Stellts mi wieder auf. Nur noch einmal! Biiiitte!

RAUCH-KALLAT: Aha. Deine Pulverln hast also auch net gnommen.

27. 8. 2001
Menschliche Größe

Nach der Gagen-Affäre tritt Postgewerkschaftschef Hans Georg Dörfler zurück. ÖGB-Vizepräsidentin Renate Csörgits lobt in Vertretung des in Kanada wandernden Fritz Verzetnitsch Dörflers »menschliche Größe«

DÖRFLER: Geh, Renate, es warat wegn mein Achtel ... I bin a bissl flach im Moment.
CSÖRGITS: Mei, du Armer. I zahls scho. I bin ja immer no soooo beeindruckt von deiner menschlichen Größe.
DÖRFLER: I eigentlich a.
BENYA: Oiso zu meiner Zeit hättens uns sicher kan aussegschossen. I hätt afoch gsagt: Hoits de Goschn da unt! I maan, wo samma denn?
SALLMUTTER: Im anazwanzigsten Jahrhundert, Toni.
BENYA: Ah so? Wer hat si denn des wieder mit der Wirtschaftskammer ausgschnapst?
CSÖRGITS: I werd in den Gremien vorschlagen, dass ma die Kollegen bei der Post zu an Solidaritätszuaschlag für di auffordern, Schurl. A Fuffzga von an jeden und du bist wieder hochweiß.
DÖRFLER: Des is a super Idee. Vielleicht könnt ma de Zahlscheine glei mit de Urabstimmungsbögen zsamm verteilen.
SALLMUTTER: Seids ihr alle mitanaund wo angrennt?
BENYA: Oiso zu meiner Zeit samma nur mitanaund wo angrennt. Alle Räder stehen still, wenn ...
DÖRFLER: Sagts amoi, sollt i net jetzt, wo i a Märtyrer bin, ois Bundespräse oder so kandidieren? Da Waldheim hat jo a wegn der Cämpäin gwunna.

SALLMUTTER: Des is alles a Waunsinn. Was sagt denn eigentlich der Fritzl?
CSÖRGITS: Dass es Wetter in Kanada schee is.
SALLMUTTER: Jessas Marandjosef!
BENYA: Oiso zu meiner Zeit hätten de drei bei uns nix z' reden ghabt.

3. 9. 2001
Arme Hascherln

In Graz sollen ÖH-Funktionäre der schwarzen AG und des blauen RFS 1,2 Millionen Schilling aus Studenten-Beiträgen veruntreut haben. Landeshauptfrau Waltraud Klasnic empfahl der Justiz flugs, nicht tätig zu werden. Richtig so

KLASNIC: Dumme Buben sinds ja schon.
FERRERO-WALDNER: Aber immerhin hat keiner von ihnen einen schwarzen BH.
KLASNIC: Sie sollen si zwar von dem Geld auch was zum Anziehen kauft haben – aber nur lauter fesche Sachen.
FERRERO-WALDNER: Wenigstens einmal junge Leut, die keine grünen Haar und so grausliche Nasenringe und Dings haben.
KLASNIC: Und völlig unbescholten sinds, die armen Hascherln.
FERRERO-WALDNER: Ich mein, wenn sie mit einer Spritzpistole in eine Bank gangen wären, na gut. Aber so. Bittdich, wegen lächerliche 1,2 Millionen ...
KLASNIC: Und ich hab sie gfragt: Die haben alle nix mit Theater zu tun. Die waren net amal noch in einem. Drum hab i ja gsagt, dass ma kan Richter brauchen werden.
FERRERO-WALDNER: Ma muss auch Nachsicht haben können. Ich mein, wir waren ja alle einmal jung.
KLASNIC: Alle möglichen Blödheiten hamma gmacht. Der Vater hat immer gsagt: Traudl, alles darfst, nur demonstrieren gehst mir net.
Apropos, sag, was is jetzt eigentlich mit diese Genua-Chaoten?
FERRERO-WALDNER: Die krieg ma schon noch.

10. 9. 2001
Rezession

Anderswo gibt es sie schon, Wirtschaftsexperten sagen sie auch für Österreich voraus, nur für die Regierung – und hier vor allem die FPÖ – ist klar: bei uns gibt es niemals nicht eine Rezession

WESTENTHALER: Mach ma do afoch a Gsetz dagegen.
GRASSER: Wie soll denn des gehn?
WESTENTHALER: Naja, so irgendwie: Selbst ernannten linken Experten wird das Herbeireden einer Rezession untersagt. Strafrahmen zehn Jahr bis lebenslänglich oder so.
RIESS-PASSER: Des Blede is nur, dass wirkli ane kumman wird.
WESTENTHALER: Eh. Oba wenns dann do is, schwebt ma scho Foigendes vur: Nach 30 Jahren sozialistischer Misswirtschaft und Schuldenpolitik ist es kein Wunder, dass die Auswirkungen sogar bis in die USA und Japan …
GRASSER: Geh, bitte! De Nummer wird sogar mir scho fad. Und i bin sunst recht leicht zum unterholten.
ZIERLER: Apropos unterhoidn: Mei Friseurin hat ma bei da letztn Meeschn den kürzesten Witz olla Zeiten derzöht.
RIESS-PASSER: Aha.
WESTENTHALER: Nau supa.
GRASSER: Leidln, i muaß dann …
ZIERLER: Der geht so: Nulldefizit! 0,17 Sekunden!
GRASSER: Lustig.
WESTENTHALER: I kann mi a kaum hoidn.
RIESS-PASSER: Mir wern a Strategie brauchen, wie ma auf a Rezession reagieren. Gibts Vurschläg?

101

WESTENTHALER: Gemma wenigstens da Gewerkschoft de Schuld.

GRASSER: Erhöh ma de Steuern und verkauf mas ois ausgabenseitiges Sparen. Hat ja bis jetzt a funktioniert.

ZIERLER: Jetzt sagts amoi, Freunde, was genau is eigentli a Rezension?

1. 10. 2001
Rechtssicherheit

Nach den Anschlägen vom 11. September weiß wieder einmal die FPÖ als erste, was jetzt in Österreich geschehen muss

WESTENTHALER: Jetzt hab i's! A Brandzeichen! Jedem Säugling a »A« am Hintern, wia bei de Autos.
HAIDER: Des tuat oba weh.
WESTENTHALER: Oba geh! Immerhin schneid ma niemand was ab wia de Juden. Und es hat so was Tschon-Wayne-Mäßiges. Zerscht dena Kiah was aufbrenna und dann dena Indiana, peng, peng!
HAIDER: Nur dass de Indiana heitz'tag an Turban aufham, höhö! Du, oba »A« find i net so guat, des kennt a »Anarchie« haaßn. Nehma do an Strichcode. Do kemma alle möglichen Infos einetuan, ob der Gschropp aus an anständigen Elternhaus kummt oder aus an linken und so.
WESTENTHALER: Und ob er a Mufti is oder zur überlegenen Kultur ghört.
HAIDER: Dafir brauchat ma eher was sofurt Sichtbares. So was wia an gelben Halbmond am Gwand. I hab übrigens eh scho den Silvio angrufen und eam gratuliert. Der hat si so gfreit, dass er ma glei a paar Neger fürn FC Kärnten schenken wollt. Giorgio, hat er gsagt, Ei nju ju wudd andaständ mi. Und verabschiedt hamma uns mit an dreifachen »Long liff Benito«.
WESTENTHALER: De haaßt do Benita. Und was hat de eigentli damit z' tuan?
HAIDER: Siechst, wieder so a Fall, wo »A« net so guat is.

WESTENTHALER: Du, no was. I mach grad de Listen von de sicheren Drittstaaten außerhalb Europas, de du mia angschafft hast. I hab alle gnumma, oba was mach i mit Afghanistan, Irak und Nordkorea?
HAIDER: Dazuaschreiben.
WESTENTHALER: Hab i ma eh denkt.

8. 10. 2001
Hallo ~~Bagdad~~ New York!

Jörg Haider musste seine geplante Reise in den Irak leider absagen. Da die Koffer aber schon einmal gepackt waren, befand er, man könne ihn gerade in New York ganz dringend brauchen. Nur seine Begrüßungsadresse musste er leicht ändern

Ich bin gekommen, um in diesen schweren Zeiten ein Zeichen der Solidarität mit euch zu setzen. Gerade der ~~arabischen Welt~~ Ostküste fühle ich mich besonders verbunden. Umso mehr schmerzt es mich zu sehen, was der ~~internationale Zionismus~~ islamische Fundamentalismus bei euch angerichtet hat. Man muss der ~~Ostküste~~ arabischen Welt klar machen, dass es so nicht weiter gehen kann.

Leider ~~stellen sich im Moment viele Menschen die unberechtigte Frage:~~ ist der Islam zu einer Bedrohung für die westliche Welt geworden?. Dagegen müssen wir uns mit aller Vehemenz wehren. Ich werde alles daran setzen, dass sich ~~jeder~~ kein einziger Moslem ~~Bruder~~Extremist in Österreich sicher fühlen kann. Der Terrorismus ~~darf~~ muss vor allem ~~nicht~~ dazu führen, dass das Asylrecht verschärft wird. Wer mich kennt, weiß, dass ich das immer schon gesagt habe.

Und als weiteres Zeichen meiner Freundschaft lade ich ~~10 bis 20~~ 100 bis 200 Waisenkinder zur Erholung in mein schönes Kärnten ein.

~~Allahu akbar!~~ God bless you!

So. Und wo ist jetzt der ~~Präsident~~ Bürgermeister fürs Foto?

15. 10. 2001
Green Peace

Die Grünen sind sich nicht ganz einig, ob Österreich Überflugsgenehmigungen für den Krieg gegen Afghanistan erteilen soll

VOGGENHUBER *(singend):* Piloten ist nichts verboten, dadi, dadum ...
ÖLLINGER: Und du glaubst, dir a net, ha? Des schau ma uns an.
VOGGENHUBER: Hä?
ÖLLINGER: Kann eam bitte wer den Walkman abefotzen?

PILZ: Hmm. Ob des durch a UN-Resolution gedeckt warat?

GLAWISCHNIG: Des müsst ma vorher jedenfalls eingehend mit der Basis diskutieren.

VAN DER BELLEN: Gott, bin i müd ...

VOGGENHUBER: Ah, des is a guat. Fliegaaa, grüss mir die Sterne ...

ÖLLINGER: So. Jetzt vollier i eam oba wirkli glei ane.

GLAWISCHNIG: Gewalt kann nie die Lösung sein, des weißt schon, oder?

VOGGENHUBER: Hey, Sascha, se spün unser Liad: You and I, flyyyyyyyying hi-igh, plimdideldim ...

VAN DER BELLEN: Öllinger, i hoid eam und du haust eam ane auf de Nasn.

PILZ: Na, auf de untern Rippen, des tuat urweh, hinterlasst oba kane Spuren. Des waaß i von meine Schläfer bei de Kieberer.

GLAWISCHNIG: Seids ihr jetzt alle narrisch worden? Wir san doch a pazifistische ...

VOGGENHUBER: Über den Wolken, muss die Freiheit wohl grenzenlos sein ...

PILZ: O.k., wurscht. Nehma de Nasn.

GLAWISCHNIG: Jetzt hab i oba a gnua. Täts ihr des weitererzählen, wenn i eam ins Aug fahr?

ÖLLINGER: Nie. So, Ayatollah, nimm das!

VOGGENHUBER: Au!

VAN DER BELLEN: Na geh, jetzt bliat a ma auf mei Lieblingskrawatten. De hat überall dazuapasst, de war so schee ...

VOGGENHUBER: ... neutral?

ÖLLINGER: Und jetzt de Rippen!

22. 10. 2001
Knigge

Der zweite Nationalratspräsident Werner
Fasslabend wird von der FPÖ des schlechten
Benehmens geziehen, weil er einige halbkritische
Worte über die Vizekanzlerin verloren hat

WESTENTHALER: I maan, Oida, wia gehts da übahaupt? Du muaßt jo bitte net schlecht wo angrennt sei, du Nudlaug.

FASSLABEND: I hab ja nur gsagt, dass sie net grad vü Kooperation und Verständnis zeigt.

RIESS-PASSER: Und was is des für a Ton gegenüber ana Dame, ha? Was büdst da du eigentli ei, Auslaufmodö, hiniges?

WESTENTHALER: I glaub, der Gscherte braucht a bissl a Nochhüfe in Schtilfragen. Weu so brauchst uns wirkli net kumma.

RIESS-PASSER: Und die Oberputzfrau bin i a. Grad, dass a net Dragica zu mir gsagt hat, der scheanglate Hund.

FASSLABEND: Des war a Scherz.

WESTENTHALER: Lustiger, des letzte Moi, wo ana vo dir an Witz hean hat woin, war neinzehnzwarasiebzg. Fürn Schmäh san ollaweu no mir zuaständig.

FASSLABEND: Stimmt. Des sagen vüle bei uns.

RIESS-PASSER: War des jetzt ironisch? I merk sowas glei, do hab i a Gschpia dafia. Der Fadgaser glaubt, er kann uns veroaschen, Westi.

WESTENTHALER: Naja, do wird da Jörg den klanan Kanzler anruafen miassn, glaub i. Und dann kannst du di in de Pensi vatschüssen, du Weh. Oba vurher geh vielleicht no zun Elmayer auf an Benimmkurs.

FASSLABEND: Als ob du den Elmayer jemals von innen gsehn häst.
WESTENTHALER: I brauch des a net. Mei Benehmen is angeboren.
FASSLABEND: Des hab i irgendwie geahnt.
RIESS-PASSER: War des jetzt scho wieder Ironie?

29. 10. 2001
Reisefieber

Es wird mitunter behauptet, die Reisetätigkeit unserer Regierungsmitglieder verlaufe etwas unkoordiniert. So ein Blödsinn

SCHÜSSEL: So und jetzt hätt ma no zweimal Ägypten, Jordanien, Oman, Saudi-Arabien und Abu Dhabi und je einmal Syrien, Bahrain und Dubai zu vergeben. Wobei Dubai eigentlich mir ghört, den Flug hat die Gigi mit de Treuemarken von Persil gwonnen. Und außerdem is der Duty-Free dort urlässig.
FERRERO-WALDNER: Ich nehm alles, wo der Klestil hinfahrt. Nur vorher.
RIESS-PASSER: I wü nach Israel.
STRASSER: I nimm Ägypten und Abu Dhabi.
SCHEIBNER: Na geh, Abu Dhabi hätt i wollen. I kann do jetzt scho so an super Schwerttanz.
BÖHMDORFER: I nimm alles, weil i war eh no nirgends.
SCHÜSSEL: Was bitte machst du dort?
BÖHMDORFER: A Studienreise. Es gibt do a paar Sachen in der Scharia, die ma vielleicht brauchen könnten.
RIESS-PASSER: Und i wü, dass durt gfälligst wer mit mir redt.
MOLTERER: I schau ma de Landwirtschaft in Saudi-Arabien an. Oiso, neben meiner wichtigen weltpolitischen Einflussnahme natürlich.
SCHEIBNER: Ätsch, i war scho in Saudi-Arabien.
MOLTERER: Dafür kannst da Abu Dhabi aufzeichna.
FORSTINGER: Und i ...
SCHÜSSEL: Na, du net.
FERRERO-WALDNER: Der ägyptische Botschafter hat übrigens gmeint, es wär o.k. wenn jetzt einmal ein, zwei Wochen niemand von uns kommt.

STRASSER: Guat, fahr i in drei Wochen.
SCHÜSSEL: Da soll no einmal einer sagen, dass unsere Koordination net funktioniert.
RIESS-PASSER: Sollt ma net vielleicht a Volksbegehren machen, dass der Sharon mi empfangen muaß?

5. 11. 2001
Word-Rap

Bundeskanzler Wolfgang Schüssel nach seiner denkwürdigen Rede zum Nationalfeiertag über zehn österreichische Klassiker

HEURIGER: Unzeitgemäßes Gemütlichkeitssurrogat in dem unter Absingung widerlich weinerlichen Liedguts kollektiver Drogenmissbrauch betrieben wird. Einer der Hauptgründe für die vielen Stimmen meines Koalitionspartners.

KAISER: Es kann nur einen geben.

KRONE: Es sollte besser keine geben.

LIPIZZANER: Sind wir uns ehrlich: Wer braucht schon einen Leberkäse, an dem die Beine noch dran sind?

MOZARTKUGELN: Die Susi mag dieses pickerte Klumpert. Aber Geschmack kann man halt nicht lernen.

NEUJAHRSKONZERT: Jedes Jahr derselbe Topfen. Und wenn die ganzen unmusikalischen Affen beim Radetzky-Marsch mitpaschen, springt mir endgültig der Taschenfeitel in der Hose auf.

NEUTRALITÄT: Ah, das ist jetzt eine Falle, oder? Nicht mit mir.

SÄNGERKNABEN: Jung-Kastraten, die mit ihrem Sing-Sang nur noch trommelfellperforierte Perlenkettenschabracken oder Päderasten hinter dem Ofen hervorlocken.

SCHNITZEL: Da er meistens von einer richtigen Sau stammt, kann mir der Bröselteppich aber wirklich gestohlen bleiben.

SKIFAHRER: Es soll ja tatsächlich Leute geben, die sich was drauf einbilden, dass Österreich in einer Sportart was reißt, die von viereinhalb Ländern betrieben wird. Wie hieß der noch einmal, dens da mit dem Motorradl hingeprackt hat?

12. 11. 2001
Der Experte

Auf der Ehrentribüne beim Fußball-Länderspiel Österreich-Türkei

HAIDER: Nie im Leben war des a Foul, heast!
WESTENTHALER: Na ja, i waaß net. Mitn Gstreckten in die Weichteile – des kann ma scho pfeifen.
HAIDER: Oba do net, wanns gegen uns is. Susi, glei morgen protestierst mir offiziell bei der FUFA.
RIESS-PASSER: Is guat, Jörg.
WESTENTHALER: FIFA.
HAIDER: Guat, bei der a. Jetzt oba! Und Schuss ... na geh, warum pfeift denn der scho wieder?
WESTENTHALER: Der Herzog war mindestens zwa Meter vurn.
HAIDER: Na und?
WESTENTHALER: Des is Abseits.
HAIDER: Ah so? Des is jo wie bei mir. Wanns ma net nachkumman, haaßts a immer, i steh im Abseits. Susi, gegen de blede Regel miaß ma was tuan.
RIESS-PASSER: Ja, Jörg, mach i.
HAIDER: Und den Schiedsrichter ...
RIESS-PASSER: ... de Presseaussendung hamma eh scho vurm Match gschrieben. Krummer Hund, bestochen von der Sozialistischen Internationale und vom Bin Laden. Außerdem forder ma an Einfuhrstopp für türkischen Honig und drohen mit an Veto. Mir miaßns nur no abschicken.
WESTENTHALER: A Veto gegen was eigentlich?
HAIDER: Ois ob des net völlig Blunzn warat. Du, den Mauhart vergiss net. Soll zrucktreten, weu er so vüle

Türken ins Stadion lassen hat. Verrat an Österreich und so.
WESTENTHALER: So, des war der Schlusspfiff. War eh ka schlechte Partie.
HAIDER: Und wie is ausganga?

19. 11. 2001
Audienz

Bundeskanzler Schüssel watschte vergangene Woche nach dem Ministerrat einen Journalisten her, der eine unbotmäßige Frage zu einem Treffen der europäischen Rechtsaußen-Elite stellte, das auf Einladung des FP-nahen Blattes »Zur Zeit« in Niederösterreich stattgefunden hatte. Mit Recht. Schließlich weiß doch die ganze Branche, wie man sich dem großen Vorsitzenden zu nähern hat

PROFIL: *Herr Bundeskanzler, sind Sie nicht manchmal selbst vom ungeheuren Ausmaß der Erfolge Ihrer Regierung überrascht?*
SCHÜSSEL: Gut, dass Sie mich das fragen. Ja, doch, ab und an werd ich mir selber unheimlich.
PROFIL: *Ich meine, wenn man bedenkt, welch riesige Altlasten ...*
SCHÜSSEL: ... die völlig ohne unser Zutun entstanden sind, Sie sagen es.
PROFIL: *Und Ihr Weitblick die Regierungsfähigkeit der FPÖ betreffend.*
SCHÜSSEL: Unschlagbar, oder?
PROFIL: *Obwohl...*
SCHÜSSEL: Hören Sie, wenn Sie da jetzt mit Diffamierungen anfangen, werd ich grantig.
PROFIL: *Natürlich. Entschuldigung.*
SCHÜSSEL: A bissl tiefer noch die Verbeugung. Ja, so is' gut. Sie wollten mich, glaube ich, gerade fragen, ob ich nicht noch mindestens weitere vier Jahre die schwere Last der Verantwortung tragen sollte, um das große Werk zu vollenden, und ich sage Ihnen ganz offen: Sie haben Recht.
PROFIL: *Darf ich zum Abschluss eine kritische Frage ...*
SCHÜSSEL: Nein.
PROFIL: *Danke für das Gespräch.*
SCHÜSSEL: Na schau, es geht doch.

26. 11. 2001
Preisschnapsen

Beim beliebten Preisschnapsen der »Krone« kamen diesmal Wolfgang Schüssel und Jörg Haider ins Finale. Zahlreiche Kiebitze beobachteten die spannende Partie

HAIDER: Sodawasser! Hebst du seicht, gewinnst du leicht.
SCHÜSSEL: Des schau ma uns an. Aha, ghört scho mir. Zwa Dirre san a viere.
WESTENTHALER: A Stich für Warmduscher.
SCHÜSSEL: Und jetzt: A Herz hat a jeder Mensch!
HAIDER: Des tuat ma oba Leid. I net.
WESTENTHALER: Zuadrahn, Jörg, zuadrahn!
MOLTERER: Es kriagts nie gnua.
WESTENTHALER: Dem Vetorinär is nix zu schwer.
HAIDER: Nimm das! Oder wart, na, do des andere.
SCHÜSSEL: Geh bitte, was liegt des pickt.
HAIDER: Frag ma den Schiedsrichter.
DICHAND: Ich entscheide für den Herrn Landeshauptmann.
MOLTERER: A gschobene Partie is des!
PRÖLL: Woifi, i hätt da was im Ärmel ...
GÖRG: I a!
SCHÜSSEL: Nix da, mir spün des ehrlich.
DICHAND: Drum waaß i a scho, wer gwinnt ...
WESTENTHALER: Was is denn eigentlich der erschte Preis?
MOLTERER: A sinnloses Volksbegehren nach Wahl.
WESTENTHALER: Jö, da fallerten ma a paar ein.
MOLTERER: Des überrascht mi jetzt a bissl.

HAIDER: Und jetzt den und den und der geht a no. So, zähl ma amoi ... siemavierzg, anafuffzg, fünfafuffzg, fünfasechzg ... gnua!
SCHÜSSEL: Mit fünfasechzg? Oba wirkli net.
HAIDER: Frag ma den Schiedsrichter!

3. 12. 2001
Temelinobyl

Die Temelin-Vereinbarung, die Bundeskanzler
Schüssel mit Tschechien in Brüssel traf, erwischte
den Koalitionspartner leider voll auf dem
linken Fuß

WESTENTHALER: Jetzt hamma den Scherm auf.
KABAS: Mei Stadt baut auf mi! Wien derf net Tschernobyl wern!
WINDHOLZ: Und Deitsch-Altenburg a net.
HAIDER: Deitsch-Altenburg? Wen interessiert Deitsch-Altenburg?
WINDHOLZ: Mi. I tät durt nämlich wohna.
RIESS-PASSER: Ernest, du bist ein Quell steter Freude.
Windholz: Ma, danke.
WESTENTHALER: Ka Wort hat mir der Khol vorher gsagt. Oba jetzt schmeiß i eam aus meiner Canasta-Rundn ausse. Do kann a no so raunzen.
ACHATZ: Schiaßn uns des scheene Volksbegehren ab. Des kemma uns net gfallen lassen. Zag ma eana den Herren, Mensch!
KABAS: Jawoll! Veto und Neuwahlen. Mitn richtigen Spitzenkandidaten pack ma des. I hätt eh grad Zeit.
ACHATZ: Du? Do platzt an jo der Schmiss, heast!
WESTENTHALER: I hätt do scho a Wahlkampfwuchtel: GAU-Leiter Schüssel.
HAIDER: Des werns am Ulrichsberg sicher urlustig finden.
RIESS-PASSER: Auf alle Fälle steh ma da wie die größten Deppen.
KABAS: Und des bin i net gwöhnt. Drum sag i: Wien derf net ...
RIESS-PASSER: Bringts mir a Torte. Schnell!

WESTENTHALER: Sag ma hoit, es is ein ungenügendes Ergebnis, des ohne uns net zustandekommen warat.
HAIDER: Super! Schickst de Formulierung bitte glei an den Gruselbauer?
RIESS-PASSER: Neu wählen kömma jedenfalls net. Des steht fest.
WINDHOLZ: Naja, vielleicht doch …
RIESS-PASSER: Ah so? Warum?
WINDHOLZ: I hätt auch Zeit.

10. 12. 2001
Neuwahlverwandtschaften

Die FPÖ ist wegen Temelin immer noch sehr böse auf ihren Koalitionspartner. Man versichert einander gegenseitig, vor Neuwahlen keine Angst zu haben

HAIDER: Des macht ma jetzt kan Spaß mehr, echt net. Am Wörthersee is grad ka Landesvater-Saison, der Muammar hat Ramadan und vo dir und de Behm kann i mi a no papierln lassen.
SCHÜSSEL: Jetzt hamma do eh in den Antrag eingschrieben, dass des Ergebnis ein Erfolg unserer gemeinsamen konsequenten Haltung is. Was willst denn no?
HAIDER: I brauch an Endsieg.
SCHÜSSEL: Mach do no irgendein Volksbegehren, vielleicht baut di des wieder auf.
HAIDER: Witzig! Du glaubst a, dass mei Guatmütigkeit endlos strapazierbar is, was?
SCHÜSSEL: Jörg, derspar mir des bitte, dass i irgendwas über dei Gutmütigkeit sagen muaß.
HAIDER: Ah so? Du, wir miaßn a net mitananda. Du waaßt, dass i des praktisch nie sag, oba i könnt mir durchaus Neuwahlen vorstellen.
SCHÜSSEL: Na guat.
HAIDER: Äh ..., was?
SCHÜSSEL: Ja, mach ma des. Scho amal was vom Kanzlerbonus ghört?
HAIDER: Scho. Oba was hat der mit dir z' tuan?
SCHÜSSEL: Auch witzig!
HAIDER: Und wie täts dir gfallen, wenn ma uns mit de Roten und de Greanan auf a Packl hauen und dir den Weis wieder in den ORF einesetzen?

SCHÜSSEL: Ui, da tät si da Westi aber freuen. Bei wem wird a denn dann acht Mal am Tag intervenieren?
HAIDER: Hauptsach, i waaß, wen i anruaf.
SCHÜSSEL: Den Muammar?
HAIDER: Du kummst mir nimmer in mein Porsche.

17. 12. 2001
Gleich und gleicher

Das Verfassungsgerichtshofsurteil zu den zweisprachigen Ortstafeln in Kärnten freut den dortigen Landeshauptmann nicht so wahnsinnig

HAIDER: Schreib mit, Strutz: Hiemit verordne ich, dass sämtliche Kärntner Slowenen, de Koffer, ab sofort nur mehr in Gebieten Auto fahren dürfen, wo schon zweisprachige Ortstafeln stehen.
STRUTZ: Koffer wird in aner Verordnung oba net so guat kumma.
HAIDER: Mir do wurscht.
STRUTZ: Oba wenns di klagen, verlierst.
HAIDER: Und seit wann erkenn i a Gerichtsurteil an, des mir net passt?
STRUTZ: Was mach ma jetzt eigentlich mit dem unnädigen Verfossungsgerichtshof?
HAIDER: Über Politjustiz schimpfen, de Roten aussepicken und fertig machen und eam am Schluss überhaupt abschaffen und durch des FPÖ-Parteigericht ersetzen.
STRUTZ: Guter Plan. Sag, und des andere Schandurteil? Dass du im Fernsehen erklären muaßt, dass dei Churchill-Hitler-Interview mitn Falter do echt war?
HAIDER: Jo, wo samma denn? De Zeiten san vorbei, wo de ana linken Zeitung so afoch Recht geben kennan. Das Gesetz bin i und i werd kan Richter brauchen. Außer vielleicht, wenn i a paar Rote eisperrn wü. Oba des kann i in a paar Jahr genausoguat per Dekret machen.
STRUTZ: Und wia stauch ma jetzt de Slowenen zsamm?

HAIDER: Naja, i tät sagn, des überlass ma dem Heimatdienst. De san eh froh, dass wieder amoi was los is und polieren scho olle eanare Eisernen Kreize.
STRUTZ: Oba is des net a bissl gfährlich?
HAIDER: A wos. Wird scho nix passieren. Mir san do vü mehr.

21. 12. 2001
Geistige Verfassung

Jörg Haider hat wieder einmal jemanden beim Landesverrat ertappt: diesmal niemand Geringeren als den Präsidenten des Verfassungsgerichtshofes

WESTENTHALER: Ursuper, he. Der Verfassungsgerichtshof ist in seiner geistigen Entwicklung 1972 stehen geblieben. Des sitzt.

HAIDER: Dabei hätt i da no an lässigen Satz dazua ghabt.

WESTENTHALER: Ich höre und lerne.

HAIDER: Um 34 Jahr z' spät!

WESTENTHALER: 34, wart amoi... Ha! I schiff mi an!

RIESS-PASSER: Oba Jörg, war des net a bissl vü? Unwürdig und unpatriotisch – nur, weu da Adamovich mit dem Kučan gredt hat?

WESTENTHALER: Da –vich mitn –čan, höhö. Glaubst hams Serbokroatisch gredt mitanaunda? Oder wos reden de do unt eigentli?

RIESS-PASSER: Des sollt unser Herr –ac oba wissen.

WESTENTHALER: Des war jetzt net notwendig.

HAIDER: Sowieso is des unpatriotisch. I maan, red i dauernd mit irgendwöche Auslända? Na!

RIESS-PASSER: Des könnt a daran liegen, dass de Ausländer net mit dir...

HAIDER: Nau, nau! Du hoitst offenbar scho a bissl z' lang mit dem Schüssel Handerl. Vergiss net, wosd herkummst. Sunst bist schnö wieder durt. Mei Sekretärin spurt eh net gscheit.

WESTENTHALER: I waaß wos. Mach ma an Patriotenparagraf!

HAIDER: Gar ka blede Idee, Burli. Österreicher, die mit Ausländern, die nicht fesche Libyer sind, sprechen,

sind mit Haft nicht unter sechs Monaten zu bestrafen. So irgendwie.
WESTENTHALER: I ruaf glei den Khol an.
RIESS-PASSER: Na geh, i waaß net ...
HAIDER: Wieso net?
RIESS-PASSER: Wo kriag i jetzt a libysche Putzfrau her?

21. 12. 2001
2001 VON A–Z

Ein Rückblick aus streng österreichischer Sicht

ANTHRAX – Virus des Jahres, dessen Name vorher nur Wissenschaftlern und Fans der gleich namigen und gleich nervigen Heavymetal-Band bekannt war. Besuchte kurzfristig auch Österreich. Als die ersten Anthrax-Erreger auftauchten, dachte man natürlich sofort, sie kämen von Osama Bin Laden. Aber der hat offenbar nur Hepatitis.

BSE – Durch die ohne jede Verzögerung erfolgte Sperrung des falschen Bauernhofs in Österreich völlig im Griff befindliche Rinderkrankheit, die uns aber ohnehin nur so lange wahnsinnig machte, als es sie bei uns gar nicht gab. Jetzt, wo sie da ist und wir sogar den richtigen Kopf der schlimmen Kuh wiedergefunden haben, interessiert sie keine Sau.

CAP – Auferstanden wie Phönix aus der Masche. Der Mann, dessen letzte drei interessante Fragen auch schon wieder ein paar Jahre her sind, sagt jetzt dem SP-Parlamentsklub, wos langgeht. Vor allem im Fall Temelin tat er dies so eindeutig, dass die Linie der SPÖ trotz Einsatzes von Lawinensuchhunden immer noch verschollen ist.

DJ ÖTZI – Österreichs Rache für Celine Dion und DJ Bobo. Exportschlager, der dem Slogan »Österreich – der Feinkostladen Europas« endlich auch im musikalischen Bereich Gültigkeit verschafft. Durfte letztens Paul McCartney die Hand schütteln, was dieser dummerweise sofort George Harrison erzählte.

ENTPOLITISIERUNG – Eine der schwierigsten Aufgaben im heroischen Kampf von Schwarzblau um ein besseres Österreich. Zugleich aber auch jene, die mit dem größten Bravour bewältigt wurde. Egal ob in der ÖIAG, im Hauptverband der Sozialversicherungsträger oder im ORF – Rot raus und Blau rein (Schwarz war eh schon da) funktionierte 2001 flächendeckend und blendend. Und dieser hübsche Name dafür!

FORSTINGER – Zweifellos die Ministerin des Jahres, eindrucksvoller Beweis für die von gewissen Kreisen gerne geleugnete Existenz der so genannten »star-

ken Personaldecke« der FPÖ. Selbige führte ja überhaupt dazu, dass die FPÖ ihre Ministerposten schon nach einem Jahr in der Regierung im Schnitt 1,5-mal besetzen konnte.

GENERALDIREKTOR – Neuer Titel des vormaligen Generalintendanten des ORF. Die Person, die ihn in Bälde tragen darf, wird derzeit bar jeder politischen Einflussnahme (siehe Entpolitisierung) von Schüssel, Haider und ein bisschen Riess-Passer ausgesucht. Wichtigstes Detail in der Job-Description: ein offenes Ohr.

HÄUPL – Spätestens seit der absoluten Mehrheit bei den Wiener Wahlen im März so etwas wie die Waltraud Klasnic der SPÖ – nur mit mehr Bart. Mit diesem Wahlergebnis im Rücken darf der grade Michl nunmehr nicht nur die politischen Gegner sondern auch sämtliche Genossen straflos »mieselsüchtige Koffer« heißen.

INTEGRATIONSVERTRAG – Gutes Beispiel dafür, wie knifflig die deutsche Sprache sein kann. Ein zusammengesetztes Hauptwort bekommt einen Sinn, der mit den beiden Ursprungswörtern nichts mehr zu tun hat. Wird daher auch integraler Bestandteil der Deutsch-Abschlussprüfung derer sein, die den Vertrag nicht unterschrieben haben, ihn aber erfüllen müssen.

JUSTIZ – Funktionierte heuer nur in der Spitzelaffäre gut. Ansonsten muss mit Bedauern angemerkt werden, dass Minister Böhmdorfer immer noch Urteile zulässt, die dem Chef stinken. Ja, mitunter sieht er sogar dabei zu, wie der Jörg persönlich verurteilt wird! Dieter, mach was!

KABALE – Schönes altes Wort, dachte man sich auf beiden Seiten des Ballhausplatzes, sollte man den Menschen draußen wieder einmal in Erinnerung rufen. Das schlimme Problem »Wer fährt wann mit wem wohin und warum sagt mir nie einer was?« eignete sich vortrefflich als Ausgangspunkt. Und wenn dann Frau Ferrero-Waldner Bundespräsidentin ist, wird sie wohl Frau Löffler ehelichen müssen.

LODDAR – Kam, sah und Rapids ohnehin spärlicher Punktefluss versiegte. Allerdings würde angesichts dieser Mannschaft selbst ein Giovanni Trappatoni als Trainer Drastischeres ausstoßen als »Flasche leer«. Und um die Kontinuität zu wahren, holt der neue Präsident Rudolf Edlinger nun doch nicht Rapid-Ikone Andi Herzog. Denn um das Geld kriegt er ja schließlich gleich drei andere, die nicht kicken können.

MAIER – Der an sich Unverwundbare brach sich – von einem entmenschten deutschen Greis torpediert – ziemlich nachhaltig unser Bein, was dazu führt, dass es mit einem Mal nicht mehr niemanden interessiert, was Stefan Eberharter eigentlich so tut.

NULLDEFIZIT – Grassers Gral, der dem Finanz Parzival heuer ziemlich zufällig zufiel. Da er im nächsten Jahr leicht wieder futsch sein könnte, freuen wir uns schon auf die bereits angedachten Sphären höherer Regierungsmathematik: Null ist demnach alles, wo null vorne steht – also auch 0,9. In der ÖIAG sollen Manager schon für viel weniger gefeuert worden sein.

ORTSTAFEL – Von aufsässigen Fremdsprachigen, die sich standhaft weigern anständige Deutsch-Kärntner zu werden, als zweisprachige und somit ruhestörende Waffe missbrauchtes Schild. Und dass der linke Verfassungsgerichtshof bei dieser terroristischen Aktion mitmacht, ist wieder einmal typisch.

PARTIK-PABLÉ – Kann sich eigentlich noch irgendwer daran erinnern, wie schnell sich »Aber selbstverständlich bleib ich in Wien«-Helene nach der verlorenen Wiener Wahl wieder in den Nationalrat vertschüsste? Das hatte Klasse. Wie ihre Plakate. Vor allem mit »Drogen – auch ich habe Kinder« hinterließ sie uns fraglos Bleibendes. Welcher Politiker kann das schon von sich behaupten?

REZESSION – Damit das ein für allemal klar ist: Das R-Wort wollen wir nicht hören. Es gab nie eine R., und es wird nie eine geben. Mag sein, dass sich die R. langsam überall anders einnistet, aber bei uns hat sie kein Leiberl. Und der Finanzminister wird schon dafür sorgen, dass sie keines bekommt. Auch kein verbilligtes von Tommy Hilfiger.

SCHÜSSEL – Völlig ungerechtfertigt mit dem Beinamen »Schweigekanzler« versehen, weil ers doch zum Beispiel der Neutralität ordentlich hineingesagt hat. Und dass er zu Haiders turnusmäßigen Amokläufen schweigt, ist auch nicht wahr. Letztens sagte er dazu deutlich vernehmbar und vor mehreren Zeugen: »Naja.«

TEMELIN – Sagenumwobener Ort im slawischen Ausland, an dem ein Atomkraftwerk stehen soll, das laut wasserdichten Informationen, die der FPÖ zugespielt wurden, jeden Moment in sich zusammenbrechen wird. Der Betreiber heißt dem Vernehmen nach Beneš, und gegen den wird das Volk im Jänner aufbegehren, aber hallo!

UNVEREINBARKEIT – Ausdruck dafür, dass einer, der schon was ist, nichts anderes mehr sein soll. Gilt allerdings eigentlich nur für rote Gewerkschafter, die im Hauptverband der Sozialversicherungsträger aber wirklich nix verloren haben. Und dass sie noch im Parlament sitzen, zeigt, wie viel Demokratisierungsarbeit noch vor der Regierung liegt.

VOLXTHEATER – Schande über unser schönes Österreich bringende Zusammenrottung lichtscheuer, grünhaariger Randalierer, die behaupten, mit schwarzen BHs Kunst zu machen. Leider konnte Italien trotz größter gemeinsamer Anstrengung von Innen- und Außenministerium schlussendlich doch nicht dazu bewegt werden, uns dauerhaft von diesen Figuren zu befreien.

WESTENTHALER – Zum Glück nicht zurückgetretener Indscheniör der Wende, von dem man mittlerweile nicht einmal mehr behaupten kann, nur seine Frisur sei schlimmer als seine Umfrage-Sympathiewerte. Ließ sich im schönsten Interview des Jahres – abgesehen vielleicht von Haider interviewt Haider – durch nichts von der einzigen Antwort, die er geben wollte, abbringen, vor allem nicht durch so etwas Unnützes wie Fragen.

ZUR ZEIT – Deutscher Schäferhund in der ansonsten linksextremen Presselandschaft, deshalb auch verdientermaßen schwer pressegefördert. Lädt gerne einmal Europas führende Rechtsaußen nach Österreich ein, was dem armen Bundeskanzler Ärger bereitet, weil dann andere Journalisten nicht auf ihre Sprache achten und Ausdrücke wie »rechtsextrem« oder »antisemitisch« verwenden, die wir hier nicht gewöhnt sind.

7. 1. 2002
Nullfunk

Die anstehenden Besetzungen der Spitzenjobs im ORF sorgen auch bei den beiden Architekten des völlig entpolitisierten Staatsrundfunks für Spannung

KHOL: Mei, i bin so gspannt.
WESTENTHALER: I a. Wia a Pfitschipfeu.
KHOL: Des is der Nachteil am Entpolitisieren. Jetzt kömma nur warten.
WESTENTHALER: Mir wär halt wichtig, dass sie nur erstklassige Fachleut nehman. Wurscht, welche Farb.
KHOL: Die für unabhängigen, kritischen Journalismus stehn.
WESTENTHALER: Und si nix dreinreden lassen. Es wird ja ab jetzt a vü spannender sein, si de ZiB anz'schaun, wenn ma so gar net waaß, was an erwartet.
KHOL: I find des wirklich gemein, dass de roten Gfrieser sagen, die Lindner is a Schwarze. Nur, weil der Erwin ein-, zweimal mit ihr essen war.
WESTENTHALER: Mir derzählst des? Schau, wias auf dem Draxler und dem Seledec herumhacken, nur weu unser interne Objektivierungskommission denan zwa die beste Qualifikation bescheinigt hat.
KHOL: So sans, de Linken. Hoffnungslos in de alten Denkmuster gfangen. Hehre Absichten san für de a Fremdwort.
WESTENTHALER: Primitiv eigentlich.
KHOL: Genau. Drum hamma ja auch zu euch gwechselt.
WESTENTHALER: Oba wissen tät i hoid scho gern, was sa se jetzt ausschnapsen. I ruaf an Stiftungsrat an, vielleicht sagt der was.

KHOL: Du kennst an Stiftungsrat?
WESTENTHALER: Eh nur flüchtig. Sei Frau und meine san im selben Nagelstudio.
KHOL: Ah so! Für an Moment hab i scho glaubt …
WESTENTHALER: Geh, Andi! Jetzt heast oba auf!

21. 1. 2002
Genug der Worte!

*Angesichts des frechen Böhmen Miloš Zeman,
der Jörg Haider einen »Postfaschisten« hieß,
muss die FPÖ leider zu drastischen Maßnahmen
greifen*

HAIDER: Und? Wia schau ma aus?
SCHEIBNER: Ursuper! Mit ham in aner Blitzoffensive Brünn gnumma, und jetzt grad stess ma auf Pressburg vire. Es is nur schad, dass i meine Flieger no net hab, weu sunst hätt ma den Ratschin a glei gscheit bombardiern kenna, wia de Amis Bora Bora.
HAIDER: Sehr schee. So schnö wird kana mehr postfaschistisch zu mir sagn.
RIESS-PASSER: Oba, wart amoi, is Pressburg net in der Schlowagei?
SCHEIBNER: Uups, des is ma jetzt a bissl peinlich.
WESTENTHALER: Ah, wos. Behm, Schlowagn, Slowener – eh ollas dessöbe Gscherr. Hauptsach, de »Krone« macht uns mit.
HAIDER: Sicha mocht de mit. Des is doch a Frage der Landser ..., äh, Landesehre.
SCHEIBNER: Vielleicht hätt ma nur do vurher den Klestil fragen soin. Immerhin is a Obabeföhshoba.
HAIDER: Hiemit abgesetzt.
RIESS-PASSER: So afoch geht des oba a wieder net.
HAIDER: Wieso net? Soll a do zum Vafossungsgerichtshof geh. Amoi mehr oder weniger nichtig is a scho wurscht.
WESTENTHALER: Und da Schüssel?
HAIDER: Wann a si aufregt, stöll i de Koalitionsfrag, und er is schnö wieder ruhig.

SCHEIBNER: Uije! I kriag do grad a SMS vom Generalstab. De Behm greifen Zwettl an!
HAIDER: Da hammas wieder. Kennan ka Ruah gebn, de Mistviecher.
SCHEIBNER: Was mach ma jetzt?
HAIDER: Hau gschwind a Pressemeldung auße: Seit 5.45 Uhr wird zurückgeschossen!

28. 1. 2002
Bei Anruf Lord

Der ORF-Redakteursrat behauptet, FP-Klubobmann Westenthaler habe sich geweigert, in »Betrifft« unter der Leitung von Johannes Fischer zu diskutieren, und für den Fall, dass die Sendung trotzdem stattfände, gedroht: »Dann gibt es Stunk.« Westenthaler spricht von einem Hörfehler, er habe vielmehr gesagt: »Dann kommt die Trunk.« Und so wars auch

WESTENTHALER *(am Telefon, gleichzeitig Radio hörend):* Ah, mein Lieblingsbong von »The Vollmies«! *(mitsingend)* Di du du du, di da da da, iss oll ei wont tu seii tu ju, lalalala ... Ah, grüssie Herr Bettakteur! Hier Festenknaller!

ORF-REDAKTEUR: Jessas!
WESTENTHALER: Naja, fast. Hörn S', Se wissen eh, wenn de Sendung zustande kommt, dann bin ich ein Skunk. Äh, nein, was ich sagen wollt, is, dann aber mit Prunk! Ach, Knatsch, dann kommt die Trunk!
ORF-REDAKTEUR: Äh ..., was?
WESTENTHALER: Se verstehn mi sehr guat. I komm net, wenn der Pischer Diffusionsreiter is.
ORF-REDAKTEUR: Tut mir leid, aber ich versteh wirklich nicht ...
WESTENTHALER: Ham S' an Hörfehler? I hab des jetzt langsam satt mit euch Pinken. Beim ORF ham jetzt nimmer de Toten des Sagen sondern vier.
ORF-REDAKTEUR: Wer?
WESTENTHALER: Vier Klauen! Der Wörgl, de Gspusi und i.
ORF-REDAKTEUR: Also, das wird mir jetzt zu blöd.
WESTENTHALER: Ah, da schau her, jetzt wird er Emittent. Na, Se wern se bald an neuen Lob suchen kennan.
ORF-REDAKTEUR: Lob? Ah, Tennis? Verbinde mit der Sportredaktion.
WESTENTHALER: Hallo? Haaallo? Also, so eine Blechzeit!

4. 2. 2002
Einsicht

Jörg Haider entschuldigte sich wegen seines lustigen »Dreck am Stecken«-Sagers bei Ariel Muzicant, um eine gerichtliche Verurteilung abzuwenden.
Leicht war das nicht

BÖHMDORFER: Oiso kumm, Jörg, des üb ma jetzt. Sag schön!

HAIDER: I wüll oba net.

BÖHMDORFER: Des nutzt da nix. Du hast ka Chance.

HAIDER: Kannst ma verraten, zawos i di eigentlich als Anwalt hab?

BÖHMDORFER: Wannst mi net hättst, miassast des no vü öfter machen. Jetzt geh scho!

HAIDER: Eeeee ..., puh ha, Eeeeeeent ..., na, i bring des net zsamm.

BÖHMDORFER: Denk an was Scheenes dabei.

HAIDER: Guat, wart amoi ... A Goldhauben ..., a einsprachige Ortstafel ..., Gedeon Burkhard ... Eeeeeeeent ..., na, es is einfach unmöglich. Wieso tuast ma des an?

BÖHMDORFER: Des hast da selber antan. Vielleicht solltest in Zukunft am Aschermittwoch liaba auf an Heringsschmaus gehn.

HAIDER: Wann wird ma in dem Land endlich wieder de Wahrheit sagen derfen?

BÖHMDORFER: Wenn ma de Absolute kriagn. Und des derleb ma nimmer. Kumm, probiers no amoi.

HAIDER: Eeeeeent ..., auuu! Fix noch amoi heast, jetzt hab i mi in de Zungan a no bissn!

BÖHMDORFER: Des is echt hoffnungslos mit dir. Kapierst des net? Du muaßt! Entweder du machst des jetzt oder du kriagst hoit in drei Jahr oder so a Feste aufn Deckel.

HAIDER: Eeeeeent ..., schuiii ..., dgn meinetwegen, Herr Muzicant.

BÖHMDORFER: Wahnsinnig überzeugend kummt des net grad umme. Gehts ohne meinetwegen a?

HAIDER: Waaßt was? Mach mas schriftlich.

11. 2. 2002
A Gaudi muaß sein!

Am Aschermittwoch wird ein Landeshauptmann wieder umwerfend lustig sein. profil durfte vorab einen Blick ins Manuskript werfen

Viele Menschen fragen mi, was ich dazu sag, wie sich das Schüsserl vom Ballhausplatz in der Temelin-Frage verhalten hat. No, dazu kann ma nur sagen: Mir ham wieder an Gau-Leiter in Wien! *(Gelächter)*. Wobei, liebä Freundä, eins is kloa: Da war ma da vorige noch liaba! *(brüllendes Gelächter und tosender Applaus)* (...)

Ihr habts wahrscheinlich mitkriagt, wia si de linken Agenten gfreut ham, dass i mi bei Ariel entschuldigt hab. Mach ich ihnen halt no a Freud und entschuldig mi bei Persil a glei! *(Pause machen; einem Herren in der ersten Reihe ein Taschentuch für die Lachtränen reichen)* (...)

Weil dem Gruselbauer sunst nix einfallt, hat er jetzt wenigstens sei Frisur gändert. Vurher war er a Irokese, jetzt is er a Pekinese. *(Gelächter)* Nur bei sein Gsicht wird er leider nix verbessern kennan. Weil Enthauptungen san in Österreich verboten! *(stürmisches Gelächter, währenddessen ein paar Grimassen schneiden)* Und habts Ihr übrigens gwusst, dass der andere sogenannte Spitzenmann von dem Marxistenverein namens SPÖ, der wohlgenährte Herr Häupl, nimmer in de Sauna derf? Wie er durt des letzte Mal zum Schwitzen angfangt hat, hat de Wiener Wasserrettung ausrucken miassn! *(Gelächter wird zum Orkan, Jörgl-Rufe, etc.)*

4. 3. 2002
Mekka

Haider-Intimfreund Seif Gaddafi verriet vergangene Woche, dass der Jörg in Zukunft »Moslem und Araber« sein wolle. Guter Plan

RIESS-PASSER: Mariazell war ma liaba.
HAIDER: Jetzt hör endlich auf mit dera Raunzerei. De Burka passt da supa.
RIESS-PASSER: Hab i scho erwähnt, dass i drunter nur Strapse anhab?

HAIDER: Was? Hast an Vogel?

RIESS-PASSER: Ma will si hoit trotzdem als begehrenswerte Frau fühlen. Außerdem hats 44 Grad und mir machen jetzt scho de fünfte Runde um den Kabas.

HAIDER: Wann di meine Briada verstehen täten, wärst scho gsteinigt. Kaaba haaßt des, verdammt no amoi!

RIESS-PASSER: Wieso hast eigentlich mi nach Mekka zaht und net zum Beispü den Westentallah?

HAIDER: Du waaßt genau, dass der jetzt daham de Scharia im Parlament durchbringan muass. I maan, woll ma jetzt dem Gusenbauer rechtsstaatlich völlig korrekt de Zungan ausseschneiden, oder net?

RIESS-PASSER: Ja, eh. Oba haaß is ma trotzdem.

HAIDER: Jö, schau, wer da is. Huhu, Osama!

RIESS-PASSER: Der tuat ja grad a so, als tät a di net kennan.

HAIDER: Naja, der is ja do mehr incognito da. Oba seit i eam des Dialysegerät bracht hab, schreibt a ma jedes Jahr zum Ramadan a Karten.

RIESS-PASSER: Echt? Was schreibt a denn so?

HAIDER: Naja, meistens malt er nur was drauf. Flugzeuge und lustige Explosionen und so.

RIESS-PASSER: Süß. Puuh ... Wievü Runden no?

HAIDER: Eh nur mehr zwa.

RIESS-PASSER: Na dann. Inschallah ...

11. 3. 2002
Stürmer

Peter Westenthaler verriet vergangene Woche, dass ihn nach seinem Ausscheiden aus der Politik der Posten des ÖFB-Präsidenten reizen würde. Goldene Fußball-Zeiten stehen bevor

PROFIL: *Herr Präsident, das erste Spiel ihrer Ära ist vorbei. Kann man mit einem 0:6 gegen Malta zufrieden sein?*
WESTENTHALER: Durchaus. Die Medien haben dieses Spiel ja wieder einmal völlig verzerrt dargestellt. Die Tore von den Maltesers hat der ORF gleich ein paar Mal in Zeitlupe gezeigt, während unsere schönen Abstöße völlig untergegangen sind. Aber ich habe schon dafür gesorgt, dass der verantwortliche Herr in Zukunft am Küniglberg nur mehr die Aschenbecher ausleert.
PROFIL: *Vielleicht war es doch ein kleiner Nachteil, dass das Team nur mit sieben Spielern angetreten ist.*
WESTENTHALER: Die Entpolitisierung der Mannschaft war längst überfällig, dabei bleib ich.
PROFIL: *Es gab auch harte Kritik an Teamtrainerin Forstinger, weil alle sieben Stürmer waren.*
WESTENTHALER: Die typische Fundamental-Opposition unserer Gegner. Wir haben uns eben dem Stürmer-Stil verschrieben. Und so eine Expertin wie die Frau Forstinger finden Sie nicht alle Tage.
PROFIL: *Dennoch wird der nächste Weltmeister eher nicht – wie von Ihnen angekündigt – Österreich heißen.*
WESTENTHALER: Wer sagt das?
PROFIL: *Na, zum Beispiel Pele.*
WESTENTHALER: Pele ... Ist das dieser alte Neger?

18. 3. 2002
Malus

Finanzminister Karl-Heinz Grasser hatte vergangene Woche die Idee, Minister künftig in einer Art Bonus-Malus-System nach Leistung zu bezahlen.
Das kann ja heiter werden

SCHÜSSEL: So, dann komma jetzt zur Abrechnung fürs letzte Monat. Reichhold is im Malus und kriegt um fuffzich Prozent weniger.
REICHHOLD: Wie bitte? I hab do no gar nix gmacht.
MOLTERER: Guate Verteidigung!
RIESS-PASSER: Moooment! Wenn des so is, dann stell i den Antrag, dass der Strasser auch um fuffzich weniger kriagt.
STRASSER: Wieso i?
RIESS-PASSER: Weil letzten Monat um fuffzich Prozent weniger Asylanten abgschoben worden san. Des nennst du a Leistung?
STRASSER: Dafür hab i vü mehr Parkstrafen eingnumman. Oba, wenn ma scho dabei san, dann sag i nur: Böhmdorfer! A ganzes Monat ohne an anzigen Gesetzesentwurf, der den Rechtsstaat untergrabt. Am Anfang war da mehr Elan, Dieter!
BÖHMDORFER: Des is eine Frechheit! Der Jörg is nur mit dem Gegenlesen und Verschärfen net rechtzeitig fertig worden! Und kehrts außerdem schee vor der eigenen Tür: Was tuan eigentlich Gehrer, Ferrero – und überhaupt diese Rossmann?
SCHEIBNER: Bist narrisch, Dieter, de Rossmann is a unsrige!
BÖHMDORFER: Ehrlich? Kennst du de persönlich?
MOLTERER: Und was is mitn Karlheinzi?

SCHÜSSEL: Minus hundert Prozent.
RIESS-PASSER: Da bin i ausnahmsweise a dafür.
GRASSER: Oba i hab do a Idee ghabt!
SCHÜSSEL: Eben.

25. 3. 2002
Inquisition

Der Antichrist ist – als Gerhard Haderer verkleidet – wieder unter uns. Da können Österreichs Bischöfe nicht einfach zusehen

KRENN: Ich kenn da einen wirklich zuverlässigen Exorzisten. Der arbeitet unter anderem mit einem geweihten Gummiknüppel.
SCHÖNBORN: Nicht schlecht. Aber dazu müsst ma den Besessenen natürlich erst einmal in die Finger kriegen.
KRENN: Naja, wenns gar net anders geht, dann treibt er auch per ..., na, wie sagt ma ..., per i-mehl aus.
SCHÖNBORN: Des is mir wiederum zu modern. Da wär ich doch mehr für Bewährtes. In den Katakomben von mein Dom liegt noch irgendwo ein Spanischer Stiefel herum.
KRENN: Ma, vielleicht findst Daumenschrauben auch. Die wären schön handlich.
LAUN: Handliche Daumenschrauben! Des is gut, hihi!
SCHÖNBORN: Da würd ihm des blasphemische Gestrichel nimmer so leicht von der Hand gehen!
LAUN: Von der Hand gehen! Ihr seids sooo lustig!
KRENN: Oder vielleicht sollt ma ihm einfach ein entschlossenes Ministranten-Kommando vorbeischicken, das ihm ordentlich die Meinung geigt.
LAUN: Lieber net, weil wahrscheinlich ist der Ketzer ja auch noch schwul und hätt eine Freud damit.
KRENN: Wunder wärs keins ... Dann schick ma ihm halt die Karmeliterinnen-Karategruppe.
SCHÖNBORN: Hervorragende Idee!
LAUN: Und da heißts immer, wir beziehen die Frauen zu wenig ein.

29. 3. 2002
Abstimmen!

Osterweiterung, Abfangjäger, Nulldefizit, Neutralität – derzeit fordern Politiker aller Lager im Wochentakt eine Volksabstimmung über irgendwas. Ein ausbaufähiger Trend

WESTENTHALER: Und warum bitte soll ma darüber ka Voiksabstimmung machen kennan?

KHOL: Geh, Petzi! »Sollen Montage in Zukunft immer Feiertage sein?« Des kennt vo de Grünen kemman.

WESTENTHALER: 97 Prozent Zustimmung laut Umfrage. Oiso, wenn des ka Problem is, des unter den Nägeln brennt, was dann?

CAP: Na, unseres zum Beispiel: »Soll der gesetzliche Mindestlohn 2.000 Euro betragen?«

WESTENTHALER: Übelster Populismus is des!

CAP: Ah so? Wo is denn da Unterschied zu eichan Montag, ha?

WESTENTHALER: Ganz afoch. Der is vo uns.

VAN DER BELLEN: I möcht darauf hinweisen, dass unsere Umfragewerte für »Sind Sie gegen sauren Regen?« a sehr guat san.

KHOL: Unser Vorschlag ist natürlich wie immer der vernünftigste und maßvollste. »Soll es nach dem Kindergeld auch ein Haustiergeld geben?«

CAP: Des geht jo auf ka Kuahhaut!

KHOL: Jessas, de hamma vergessen. »Haus- und Nutztiergeld« muaß es heißen. Sunst dreschen uns de Bauern.

VAN DER BELLEN: So ein Kaschperltheater.

WESTENTHALER: Da siecht mas wieder. Ihr Oppositionsfundis habts do nur Angst vorm Volk.

CAP: Des werma scho sehn. I erhöh auf 3.000 Euro Mindestlohn!
WESTENTHALER: Und i auf Montag und Dienstag!
KHOL: Und i auf Haus- und Nutztiere und Zierfische!
VAN DER BELLEN: Und i ... – i streich des Wort sauer!

8. 4. 2002
Emir zu mir!

Jörg Haider ruft in Kuwait an und rettet den Weltfrieden

Hello? Heeeeello? Is this Kuh wide? Hey, you have funny noises in your telephone-line. Sounds like a Muezzin on dope. Well, anyway, this is Jörg Haider speaking. Salam a leileikum! Is the Emir here? No time? Geh, bitte! Tear him out of the Harem and tell him, that Jörg wants to give peace a chance ... Aha. What about the Crown-Prince then? Maybe the Outminister? Hacklt da irgendana was? Is any minister in the house? Finance? Well, better than nothing. Give him me hoid. Hello, Mister Finance? Hi, this is Jörg Haider. Listen, I'm calling you, because I know that you are the number one in Kuh wide. What do you think, wouldn't it be cool to make peace with Irak, ha? Scho, oder? You sure know, that I was in Bagdad before a while and I brought Saddam a few empty plastic beutels and he had..., äh, a Botzenfreid', and then I asked him about Kuh wide and he said: Hmm. Hmm! I mean, of course, this is just the beginning, but a very good sign indeed, no? So I thought, what if you all come to Karnt'n and sign a peace-dings there, then we all would have something from it. I mean, that can't be that difficult, wirkli net. Hello? Hello? Weg is a. So ein Oasch, heast. Strutz, kumm her amoi. Oiso, hurch, a Presseaussendung: Kuwait zeigt großes Interesse an Friedensverhandlungen. Großartiger Erfolg für Friedensbotschafter Haider. Untersuchungsausschuss fadenscheinig. Und so weiter.

15. 4. 2002
Schnitt!

Ein Gerichtsurteil zwang Jörg Haider dazu, vergangene Woche in der ZiB2 zu erklären, dass er über ein mit ihm geführtes »Falter«-Interview die Unwahrheit gesagt habe. Die Aufzeichnung dieses historischen Moments verlief allerdings nicht ganz unproblematisch

HAIDER: Ich widerrufe gegenüber den Seherinnen und Sehern der verzichtbaren, linksradikalen ORF-Sendung »Zeit im Bild 2« ...
REDAKTEUR: Schnitt!
HAIDER: Wieso Schnitt? Is was mit meiner Frisur? Oder hängt ma was bei der Nasn ausse?
REDAKTEUR: Verzichtbar? Linksradikal? Des steht do net im Text.
HAIDER: Alle großen Schauspieler improvisieren.
REDAKTEUR: In dem Fall geht des leider net.
HAIDER: So? Naja, dann lass i des hoid weg. Oiso, no amoi: Ich widerrufe gegenüber den Seherinnen und Sehern der ORF-Sendung »Zeit im Bild 2« die Behauptung, bei dem zwischen mir und den Redakteuren eines mit Pornoinseraten vollgestopften und skandalöserweise pressegeförderten Untergrundblattls ...
REDAKTEUR: Schnitt!
HAIDER: Was is jetzt scho wieder?
REDAKTEUR: Des derfen S' leider a net sagen.
HAIDER: Ma, geht ma des auf de Eier. Pass auf, mir machen des jetzt überhaupt ganz anders. Oiso: Eigentlich denke ich ja überhaupt nicht daran, irgendwas zu widerrufen. Aber ein politisch moti-

viertes Unrechtsurteil eines korrupten Gerichts zwingt mich...
REDAKTEUR: Schnitt!
HAIDER: Langsam werd i grantig!
REDAKTEUR: I fürcht, des wird a lange Nacht.

22. 4. 2002
Hohes Haus

Die österreichischen Parlamentsdebatten lassen im Hinblick auf Niveau und Esprit mittlerweile keinen Wunsch mehr offen

KHOL: Ich richte den dringenden Appell an die Opposition sich zu mäßigen. Ihre Ausdrucksweise ist selbst für gewaltbereite Linksextreme unerhört.

EDLINGER: Heast, Alm-Öhi, hast an Schuss? Mir san gewaltbereite Linksextreme?

WESTENTHALER: Se net, Kollege Edlinger. Se san a Wiederbetätiger. Und des macht mi so betroffen, dass i kaum mehr a Wort außebring.

CAP: Na endlich! Des is jetzt wirkli amoi neu, attraktiv, zielstrebig und ideenreich!

GAUGG: Bist geisteskrank?

KHOL: Also mir is an der Würde dieses Hauses immer schon viel gelegen und deshalb ...

EDLINGER: ... schick ma jetzt alle Blauen in Kriag?

WESTENTHALER: Ich beantrage eine Sitzungsunterbrechung. Der Abgeordnete Edlinger, dieses Arschloch, hat zur Tötung der FPÖ-Fraktion aufgerufen.

EDLINGER: Eigentlich net. Oba jetzt, wo dus sagst ...

VAN DER BELLEN: Meine Herren, bitte ...! Ganz Österreich schaut uns zu.

KHOL: Ah da schau her, der grüne Oberterrorist wird auf amoi staatstragend.

VAN DER BELLEN: Wie komm ich dazu, mir das anhören zu müssen?

WESTENTHALER: Se miaßn eh net. Schleichen S' Ihna hoid.

KHOL: Und nehmen S' den Öllinger mit. Vielleicht finden S' ja draußen an Polizisten zum Niederhauen.

EDLINGER: I waaß, i hab des scho amoi gsagt, oba jetzt fehlt wirklich nur mehr ...
WESTENTHALER: Er betätigt si scho wieder wieder! Sitzungsunterbrechung!

29. 4. 2002
Falkland

Bei seinem Interview mit dem »arabischen CNN« Al Dschazira präsentierte sich Jörg Haider mit einem in Kärnten weit verbreiteten Haustier

STRUTZ: Jörg, er sagt, er hätt a an Wöllnsittich, der »Wok laik än Edschibdschän« zwitschern kann.

HAIDER: Net schlecht. Oba do net ganz des Richtige. I brauch a Symbol für mein Stolz und mei Kühnheit.

STRUTZ *(ins Telefon):* Der Herr Landeshauptmann sagt, mir bleiben beim ... Was? An Pfau? Jörg, er hätt a an Pfau, dem sei Radl fast so ausschaut wia de irakische Fahne.

HAIDER: Geh bitte, a Pfau passt do net zu mir.

STRUTZ: Oiso, mir bleiben do beim Falken. Gibts de a in blau? Wieso net? Sowas kann ma do züchten, i maan, Sie san ja immerhin a a Karntna. Aha. Naja, dann nehma holt an weißen.

HAIDER: Sag eam, der Vogl derf oba während dem Interview kane Bledheiten machen. Net, dass a ma am Schädel scheißt oder was. Des kamat bei de Mustafas net so guat.

STRUTZ: Der Herr Landeshauptmann macht si a bissl Sorgen wegen dem Benehmen vo dem Viech. Kennt ma eam vielleicht sichaheitsholba a Valium einestessn? Aha. Du, Jörg, er sagt, a Falk hackt dem andern ka Aug net aus. Und außerdem hat a eh a blickdichtes Hauberl auf.

HAIDER: Guat, dann nehma eam.

STRUTZ: Mir nehman eam. Sie bringen eam dann vorbei, gö? Auf Wieda...

HAIDER: Wart, da fallt ma no was ein. Reservier den Pfau a.

STRUTZ: Für was denn?

HAIDER: I nimm eam mit, wann i vorm Untersuchungsausschuss aussag. Ma, wird des wieder a Hetz!

6. 5. 2002
High Noon

Die Enttremdung zwischen Peter Westenthaler und Andreas Khol ist so dramatisch, dass derzeit nicht einmal die beliebten Doppel-Presse-Conférencen der beiden stattfinden. Schade eigentlich

KHOL: Und des Weiteren, meine Damen und Herren, möchte ich Sie verweisen auf die erfolgreiche Entpolitisierung des ORF, bei der wir bewiesen haben ...
WESTENTHALER: Ma, i kann den Schas nimmer hean!
KHOL: Bitte?
WESTENTHALER: Des glauben da do net amoi mehr deine Bauernschädln.
KHOL: Herr Klubobmann, ich denke nicht, dass das der richtige Moment ist, um ...
WESTENTHALER: Und des schiache Halsleiden. Ichchch denkchche nichchcht. Des kann i a nimmer hean.
KHOL: Sicher, Meidlinger L is ja auch viel schöner. Komm, Petzi, sag ein Wort mit a paar L für mich. Sag: Intelligenzler.
WESTENTHALER: Oho, der Herr Professor geruhen, tiaf zu wern! Meine Damen und Herren von der Presse, ich bitte Sie das festzuhalten. Das ist die Art von ÖVP, die wir schon zu Oppositionszeiten bekämpft haben. Na, ihr werds eich no wundern!
KHOL: Wundern tuat mi bei euch scho lang nix mehr. Des hab i ma allerspätestens mit der Sickl abgwöhnt.
WESTENTHALER: Ma, werds ihr euch super machen als Juniorpartner vo de Sozi nach der Wahl. Bin gspannt, wer dann schwarzer Klubobmann is statt dir.
KHOL: I hätt ja zur Not an Job, in den i zruckkönnt. Des hat net a jeder.
WESTENTHALER: Meine Damen und Herren von der Presse: noch Fragen?

13. 5. 2002
Brave Burschen

Spätestens am 8. Mai mussten die schlagenden Burschenschafter schockiert erkennen, dass es außer ihnen kaum mehr anständige Deutsche in Österreich gibt

MINIGULF: Heil dir! Ich hab grad an 5.000 Volksverrätern vorbei müssen. Als ob der Tag nicht sowieso schon traurig genug wär.
MAULWULF: Heil dir! Ja, wirklich. Ich hab vor zehn Minuten den Auswulf am tragbaren Fernsprecher angerufen, der ist so erschüttert, dass er mit dem Gedanken spielt ins Reich auszuwandern.
MINIGULF: Auswandern! Ausgerechnet Auswulf!
MAULWULF: Doch, leider. Vom zotigen Zerrbild des Zeitgeists zermürbt! Wehklagend wallenden Wassern willfähriger Weltverbesserer weichend!
VAUWEHGULF: Heil euch! Gehts, habts Ihr vielleicht meinen Hund gsehn?
MINIGULF: Einen Schäfer?
VAUWEHGULF: Blöde Frage.
MINIGULF: Da hinten sitzt einer.
VAUWEHGULF: Ah, ja! Lonesomewulf! Bei Fuß!
MAULWULF: Über den Namen von deinem Hund sollten wir uns bei Gelegenheit unterhalten. Der dünkt mir etwas undeutsch.
VAUWEHGULF: Aber horch einmal, was er kann. Lonesomewulf! Gib Laut!
LONESOMEWULF: Wulfwulfwulf!
MINIGULF: Freunde! Wir haben jetzt wirklich andere Sorgen. Unsere Farben werden bespuckt! Unser Deutschtum besudelt! Wir müssen etwas tun. Eine Bild-Unternehmung muss her!

MAULWULF: Eine was?

VAUWEHGULF: Ich glaub, er meint eine – entschuldige den Ausdruck – Image-Kampagne.

MAULWULF: Hervorragend! Ich sehs schon vor mir: Ein Foto von einer Mensur und drunter der Satz: Auf uns ist Verlass – wir sind auch morgen noch von gestern!

VAUWEHGULF: Klassikaner!

20. 5. 2002
Bürgerwehr

Nach dem großartigen Erfolg der blauen Grazer Bürgerwehr werden nun auch die selbstlosen FPÖ-Spitzen in unser aller Interesse Streifendienst schieben

WESTENTHALER: Susi! Wirf de Kamera an, schnö! Da hinten pischt ana auf de Stiefmütterchen!
RIESS-PASSER: Na wart, den werma glei ham. Zuwezoomen ... na servas. Den Strahl wird a bei da Polizei net wegleugnen kennan.
HAIDER: Kinder, bitte! Schauts eich den amoi genau an.

WESTENTHALER: Naja, auf sein Leiberl steht »Bier formte diesen wunderschönen Körper«, da Schnurrbart wachst eam in Mund eine und er hat ans, zwa ... fünf Goldketterln.

RIESS-PASSER: Zu neinzg Prozent unser Wähler.

HAIDER: Eben. Genauso wie der, der de Krone ausm Sackl gfladert hat und der, dem sei Rottweiler dem Tschuschen des Wadl halbiert hat.

WESTENTHALER: Guat, da hamma eh nur den Tschuschen gfilmt. Den kriag ma scho irgendwie wegen Tierquälerei dran.

HAIDER: Trotzdem. Mir brauchen was Gscheits. An, der si hinter an Busch Haschisch spritzt oder so.

WESTENTHALER: Schauts amoi, da geht a Nega. Sicher a Dealer. Passts auf, i spring eam vo hint an, nimm eam in Schwitzkasten und du hoidst voll drauf, Susi. Des bring ma in da ZiB. Uuuuund Action!

HAIDER: Wumm! Bist du narrisch! I hab no nie gsehn, dass ana solchene Fotzen kassiert.

RIESS-PASSER: Armer Westi! Soll i trotzdem draufbleiben?

HAIDER: Kloa! Brutaler Angriff eines dealenden schwarzen Illegalen auf FPÖ-Klubobmann! Auf offener Straße! Wenn des ka Sicherheits-Skandal is ...

27. 5. 2002
Alles wird gut

Unter der Aufsicht von Godfather Jörg Haider versöhnten sich Peter Westenthaler und Andreas Khol vergangene Woche endlich wieder

HAIDER: Tua schee griaßen, kumm.
WESTENTHALER: I wü oba net.
KHOL: Vo mir aus kann i a wieder gehen.
HAIDER: Nana, am Schluss hat a bis jetzt immer no gfolgt. Jetzt geh scho!
KHOL: Schau, Westi, wann ma wieder guat sein, versprich i dir, dass ma im ORF an Redakteur nur für deine Anrufe abstellen.
WESTENTHALER: Es hat oba gheißen, i kriag an Chefredakteur für mi allanich. Des war echt link von dir.
HAIDER: Schau, dafür derfst jetzt deine Vermummten ins Häfn schicken. Des is doch auch was Schönes!
WESTENTHALER: Naja, scho ...
KHOL: Und außerdem versprich i dir auch, dass i nie wieder an Lachkrampf kriag, wenn i a Redemanuskript von dir redigier. Des is ja damals auch nur gwesen, weil vorher der Tiroler Bauernbund mit dem Bio-Obstler bei mir war.
HAIDER: Des kann scho amoi passieren, Westi. Manchmal, wenn i dir zuhör, glaub i ja a, i ... Naja, wurscht.
KHOL: Kannst di no erinnern, Jörg, wia a damals gsagt hat: Erhard Busek lässt keine Gelegenheit aus, die FPÖ anzupinkeln. Beim ersten Mal haben wir gesagt, wir schlucken das runter. Des war ein Brüller!
HAIDER: Äh, Andi, des Gespräch geht jetzt a bissl in de falsche Richtung ...

WESTENTHALER: I waaß echt net, warum immer alle auf mi losgengan. Was täts ihr denn ohne mi, ha?
KHOL: Naja, des...
HAIDER: ... wüllst dir gar net vorstellen, oder?
KHOL: Äh ..., genau!

3. 6. 2002
Doppler-Effekt

Die rot-blaue Annäherung funktioniert zumindest schon einmal zwischen zwei Noch-Abgeordneten: Doppel-Verdiener Reinhart Gaugg und Doppel-Promiller Anton Leikam

GAUGG: Die Susi hat echt ka Ahnung.
LEIKAM: Da Gusi a net.
GAUGG: Da klane Mann tät des überhaupt net verstehn, wann ma an Arbeitnehmervertreter wia mi ausm Parlament aussischiaßt, nur weu a si ehrlich aufegoabeit hot.
LEIKAM: Eh. Und in mein Fall muaß ma do ganz kloar sagn, dass der klane Mann a gern amoi blunznfett mitn Auto fahrt. Und immerhin hob i kan umbracht. Aber dir hoit ja wenigstens der Jörg die Stangen.
GAUGG: Jo, er hot gsagt: Reini, mach da kane Surgn, Privilegien san immer nur des, was die andern ham.
LEIKAM: Siagst, des is hoit a Chef. Ka Wunda, dass wir mit unsam nix reißen. Du tritts oiso net zruck?
GAUGG: Net ohne Ausgleichszulage. Wos soll i mit die fünftausend Euro von der Pensionsversicherung? Fensterkitt fressen? Und wos machst du jetztn?
LEIKAM: No jo, i waaß net, ob i des no daheb. In mein Woikreis sammeln zwoa die »roten Nasen« für mi Unterschriften, oba unsere Großkopferten geben ja nix auf die Basis.
GAUGG: Warat echt schad, wann du nimma dabei warst. So viel anständige Rote gibts jo net. Du, was maanst, Toni, gemma no auf a Viertl?
LEIKAM: Guate Idee.
GAUGG: I zahl.
LEIKAM: Und i fahr.

10. 6. 2002
Anständiges Pech

Oberst Helge Endres, Mitglied des SS-Veteranenklubs Kameradschaft IV, Grazer FP-Gemeinderat und Chef der blauen Drogen-Bürgerwehr – also zweifellos einer der Anständigsten im Land –, baute betrunken einen Unfall mit Personenschaden. So ein Pech aber auch

PROFIL: *Herr Oberst, wir sind erschüttert. Wie konnte das nur passieren?*
ENDRES: Ich habe dafür auch keine Erklärung. Irgendwer muss mir was ins Cola geschüttet haben. Drum wirds auch so grauslich geschmeckt haben.
PROFIL: *War ein schwarzer Dealer in der Nähe?*
ENDRES: Ich habe zwar keinen gesehen, nicht einmal, wie ich noch was gesehen habe. Aber in Graz ist ja immer ein schwarzer Dealer in der Nähe.
PROFIL: *Sie sind in einem Akt der Selbstaufopferung sowohl als Gemeinderat als auch als Bürgerwehr-Chef zurückgetreten. Aber fürchten Sie nicht dennoch, dass das hehre Ziel der Bürgerwehr, Graz vor brandgefährlichen kiffenden Mittelschülern zu schützen, unter Ihrem kleinen Fauxpas leiden könnte?*
ENDRES: Ich fürchte fast, ja. Gewisse Kreise werden versuchen einen honorigen Bürger wie mich mit diesem verweichlichten Drogengesindel in einen Topf zu werfen. Daran kann man ermessen, wie verkommen dieses Land schon ist.
PROFIL: *Muss Graz fürchten, in die furchtbaren Zustände vor Gründung der Bürgerwehr zurückzufallen?*
ENDRES: Keinesfalls. Auch, wenn ich als Obmann zurückgetreten bin, werde ich weiterhin meine Patrouillen machen. Graz kann beruhigt sein – ich bleibe auf der Straße.

17.6.2002
Millionenshow

Dass man von Reinhart Gaugg jetzt neben seinem Handelsschulabschluss auch noch die sogenannte B-Prüfung für einen unterbezahlten Generaldirektorsjob verlangt, ist ein Skandal. Aber die FPÖ wird auch dieses Problem sauber lösen

HAUPT: Also: Wie viele Vokale sind in der Abkürzung »ASVG« enthalten? a) 1, b) 2, c) 3, d) 4.
GAUGG: Pfah, i hab ma de blede Prüfung echt leichter vurgstöllt.
HAUPT: I kanns da oba net dersparen, sunst regen si wieder alle auf.

GAUGG: Des siech i ja ein. Oba wiast es zur Chefsach erklärt hast, hätt i ma scho denkt, dass du mir mit de Fragen a bissl entgegenkummst
HAUPT: Hast eh no alle Joker.
GAUGG: Guat, dann nimm i amoi den fuffzichfuffzich.
HAUPT: Ok. Es bleibt über Möglichkeit a) 1 oder d) 4.
GAUGG: Der Prüfungsstress is echt a Wauhnsinn. Vokale ..., Vokale ... I hab da so a Ahnung. Oba i sags jetzt liaba net, weil i frag no des Publikum und i wülls net beeinflussen.
(Der versammelte FP-Parlamentsklub gibt sein Votum ab.)
HAUPT: Oiso: 48 Prozent für a), 4 Prozent für b), 3 Prozent für c), 45 Prozent für d).
GAUGG: Des hab i befürchtet. I ruaf no an Telefonfreind an. Den Jörg aus Klognfuat.
HAUPT: Hallo Jörg? Du, bei mir sitzt der Reini und brauchert a bissl a Hilf. Reini, lies vor.
GAUGG: Wie viele Vokale sind in der Abkürzung »ASVG« enthalten? Ana oder viere?
HAIDER: Ana.
GAUGG: Ana. Hundertprozentig.
HAUPT: Hervorragend! Gratuliere!
GAUGG: Gott sei Dank! Und jetzt sagst ma no ans: Was is a Vokal?

24. 6. 2002
Shalom!

Eine Delegation der Wiener FPÖ reiste zur Eröffnung der Ausstellung »Shalom Dali« nach Jerusalem und feierte danach ihren außenpolitischen Erfolg, vom israelischen Präsidenten Moshe Katzav begrüßt worden zu sein. Dumm nur, dass der nicht wusste, mit wem er es zu tun hatte

KABAS: I hab des ja immer total gern gsehn im Fernsehen. Wia der klane Jud ghupft is und gschrian hat: Das war Spitze! Und de Büdln do san alle vom Schnellzeichner Oskar?
UNTERREINER: Geh, Hilmar! Dali! Net Dalli!
KABAS: I hab ma denkt, auf Jiddisch schreibt mas hoit aso.
UNTERREINER: Nana, der Dali war a ganz bedeutender Subrealist aus El Salvador, waaßt.
KABAS: Alle zehn Finger tätn si de andern abschlecken, wenns a Kultursprecherin wia di hättn, Heidi.
STRACHE: Ui, schauts, i glaub, der da is da Präse.
KABAS: Ah ja. Oiso, mir legen des so an: I kumm vo rechts, du vo links und de Heidi packt eam frontal. Dann kummt a uns nimmer aus.
STRACHE: I kumm oba sehr ungern vo links.
KABAS: Des is jetzt net da Moment für a Richtungsdebatte. Mir ham a Mission zu erfüllen.
STRACHE: Dann kumm hoit du vo links.
KABAS: Vo mir aus. Oiso, Äktschn! Hello, Mister Präsident!
KATZAV: Shalom!
KABAS: No, my name is Hilmar. Maybe Shalom looks a little like me. This is my friend Heinz-Christian and my lovely culture-lady Heidi.

KATZAV: Nice to meet you. *(geht weiter)*.
UNTERREINER: Ein außenpolitischer Meilenstein!
STRACHE: Ein Höhepunkt der österrcichisch-israelischen Beziehungen!
KABAS: Na, de wern schaun daham!

1. 7. 2002
Verkehrskonzept

Nach der Aufhebung des Schwulen-Paragrafen 209 durch den Verfassungsgerichtshof wird die ÖVP jetzt hoffentlich Moral beweisen.

SCHÜSSEL: Wenn des so is, dann erlass ma eben ein generelles Sex-Verbot für unter 16-Jährige, wurscht ob für de Normalen oder de Saubattln. Die sollen brav lernen, in die Kirchn und volkstanzen gehen, dann kommen's gar net erst auf blöde Gedanken.

KHOL: Genau. Und wir sollten a solchene Jugend-Organisationen gründen wie die Amis. »Die Enthaltsamen« oder so. Damit wär ma gesellschaftspolitisch wieder amol total up to date.

RAUCH-KALLAT: Aber die junge ÖVP gibt's ja scho.

KHOL: Hmm, stimmt. Dann nenn ma's halt »Die freiwillig Enthaltsamen«.

FEKTER: Geht's, des is scho alles a bissl weltfremd. I mein, sogar i war erst 15 wie i ...

SCHÜSSEL: Bitte net! So genau will i's gar net wissen.

FEKTER: Wie alt warst denn du?

SCHÜSSEL: I hab mit 27 gheiratet.

FEKTER: Ja, scho. Aber wann hast du das erste Mal ...?

SCHÜSSEL: I hab mit 27 gheiratet.

FEKTER: Himmel!

SCHÜSSEL: Ja, i komm da sicher einmal hin. Bei dir ist des allerdings höchst zweifelhaft, mit dem Vorleben.

RAUCH-KALLAT: Geh, Wolfi! In so einer Missionars-Stellung gfallst mir gar net.

SCHÜSSEL: Oba alle andern san nun amoi unchristlich.

KHOL: Des is a guter Ansatz. Vielleicht sollt ma einfach für alle unter 18 alle unchristlichen Praktiken verbieten. Des wär a net gleichheitswidrig.

FEKTER: Oba dann bleibt ja für die Schwulen nix übrig.

SCHÜSSEL: Ja, is des vielleicht unser Schuld?

8. 7. 2002
Being Ewald Stadler

Im Film »Being John Malkovich« entdeckt jemand einen Tunnel, über den man in den Kopf von Herrn Malkovich gelangt. Mit Ewald Stadler wäre das mindestens ebenso lustig.

Scho schön, so a Sonnwendfeuer. Aber durchspringen tu i nimmer, i mag mir net noch einmal das Hirn verbrennen. Und lauter Kameraden rundum. Die Hildegund, der Beowulf, der Hagen – das ist das auserwählte Volk, keine Frage. Hagen! Alles fest in deutscher Hand? Ja? Na dann: Weitermachen, haha! Wann i denk, dass ma den Hagen nach der Mensur zwei Wochen flüssig ernähren haben müssen, geht's ihm jetzt eh scho wieder gut. Tapferer Bursch. Und bald wird er auch wieder »Umvolkung« so sagen können, dass es nimmer wie a China-Restaurant klingt. Ah schau, der Fritz. Ob mir so a Glatzen auch passen tät? Beim nächsten Kommers müss ma unbedingt endlich einen deutschen Ausdruck für Skinhead finden. Hach, so ein netter Abend! Gute Rede hab ich ghalten, da kann i wirklich zufrieden sein. Die überbordende Immunschwäche des Liberalismus hätt' ich noch ein bißchen härter geißeln sollen. Jessas! »Linker Mob« hab' i gar net verwendet. Na geh! Das is jetzt ärgerlich. Dabei hab i meiner Frau no gsagt, sie soll mi erinnern. Na wart, wann ma z'Haus sind, mach i ihr das sechste Kind. Strafe muß sein. Aber des mit der angeblichen Befreiung vom Faschismus hab i dafür toootaaal elegant bracht. Und sowas muß als Volksanwalt versauern. Wo ich doch das Zeug zum Reichskanzler hätt'.

15. 7. 2002
Mist!

FPÖ-Generalsekretär Karl Schweitzer beklagt, dass Reinhart Gaugg in der PVA so »brutal gemobbt« werde, dass er sich sogar täglich »einen größeren Mistkübel erkämpfen« müsse. Empörend, das.

GAUGG: Hurch amoi, Dragica, wos soll des do nocha sei, ha?
PUTZFRAU: Du nix kennen? Das Mistkibl. Und i nix Dragica, i Maria.
GAUGG: Seit wann san mir per du, ha? Wannst di bled spülst, bist glei wieder daham in Pischdrina. Weu jetzt waht do a anderer Wind, i räum da nämlich auf.
PUTZFRAU: Na, da räumen i auf. Das meine Job.
GAUGG: Mein Gott na, bled wia a Plastiksackl is a no. Paß auf, Dragica, i brauch an größeren Mistkibl, vastehst? Oiso, zackzack.
PUTZFRAU: Is oba selbe Mistkibl wie ham alle.
GAUGG: I hab oba an Sondervertag für an größercn.
PUTZFRAU: Nix vastehn, des. Machen mehr Mist als andere?
GAUGG: In den Fingerhuat bring i net amoi meine Leberkassemmelpapierln eine. Und scho gar net mei großes Reformwerk.
PUTZFRAU: No immer nix vastehn. Große Reformwerk is fir Mistkibl?
GAUGG: Naa, i ... Himmeloaschundzwirn, was ställ i mi übahaupt her mit dir? I maan, wer bin i?
PUTZFRAU: Is große Frage, was kann nix beantworten kleine Maria. Fragen bessa Psychologa.
GAUGG: De macht mi wauhnsinnig! Den Jugotrampel ham ma sicha de Roten auffeghetzt!

PUTZFRAU: Wenn wauhnsinnig, Psychologa auch gut.
GAUGG: Menschenhatz is des! I werd brutal gemobbt!
PUTZFRAU: Wenn drauf stehn, i könncn scho sein brutal mit meine Mop. Wie Domina.
GAUGG: So. Jetzt ruaf i den Schweitzer an.

22. 7. 2002
Sondervertrag

Nach der zweiten Ablehnung seines PVA-Sondervertrages wird Privilegienbekämpfer Reinhart Gaugg jetzt wohl von seinen ohnehin bescheidenen Wünschen einige Abstriche machen müssen.

HAIDER: Geh, Reinhart. Warum miassn's di denn unbedingt mit »Herr Direktor Professor DDr. Gaugg« anreden? Is des so wichtig?
HAUPT: Und außerdem bist du do gar ka Dokta.
GAUGG: Ma, i hab ma hoit denkt, ob i ma a Prüfung mehr oder weniger schenk …
HAIDER: Und des a no: »Sollte eine volle Nennung des Titels aus Zeitgründen nicht möglich sein, ist die Bezeichnung ›Hoheit‹ zu verwenden«. Des streich ma alles.
HAUPT: Und was is mit dem? »Der Dienstnehmer erhält in der Kantine größere Portionen«?
GAUGG: Sunst miassat i ma zwa kaufen – und des is bei dem Gehalt net drin. Geht's, i hab do eh scho auf de Privatsauna verzichtet …
HAUPT: »Weiters eine Sekretärin mit größerem Busen …«
GAUGG: Echt, i miassat's de sehn, de s'ma aufs Aug druckn woin – a paar Zentimeter weniger und sie hat a Gruabn. So kann i net arbeiten.
HAUPT: »… und ein größeres Urinal«.
HAIDER: Pischen kannst a net wia alle andern?
GAUGG: Naja, des kemma vo mir aus streichen. Da wollt i hoit a bissl einedrahn, weu i ma denkt hab, de Hasn im Haus, de lesen des ja u nd …
HAUPT: Manchmal graust sogar mir a bissl vor dir, Reinhart.

HAIDER: Des kummt alles ausse. Sunst verlier ma no sechs Abstimmungen.
GAUGG: Naja, wenns maant's. Oba mei Gage bleibt scho de söbe, oder?
HAIDER: Mir san ja kane Unmenschen.

29. 7. 2002
Kanzler

Wolfgang Schüssel und der deutsche CDU/CSU-Kanzlerkandidat Edmund Stoiber besuchen gemeinsam die »Tannhäuser«-Premiere in Bayreuth

FOTOGRAF: Herr Bundeskanzler, könnten Sie einmal herschauen, bitte!
STOIBER: Ja, freilich! Wie hätten S' mich denn gern? Mache alles, öffne nackt, haha! *(Zu Schüssel)* Weißt, das haben mir meine Schpinn-Doktoren gsagt, a bissl lässiger muß ich sein und ab und zu an Witz machen. Gut, oder?
SCHÜSSEL: Naja, i weiß net so recht … Und außerdem,
EDE: Der meint eigentlich mi.
STOIBER: Ah so? Das is jetzt aber peinlich.
SCHÜSSEL: Des braucht dir doch net peinlich sein. Mir zum Beispiel ist nix mehr peinlich, seit ich Kanzler bin. Und du bist es ja auch bald.
STOIBER: Naja, hoffentlich. Weil, wenn mir was peinlich is, dann werd ich nervös und dann verdreh ich manchmal die Sätze in einem Wort. Und das ist mir dann noch peinlicher und dann werd ich noch nervöser und dann …
SCHÜSSEL: Is ja schon gut! Jetzt machst einmal a gescheites Wahlergebnis und dann geht des schon.
STOIBER: Eh. Aber so wie's ausschaut, gwinnen wir blöderweise. I weiß nicht, was ich noch anstellen könnt', damit wir dritte werden, haha!
SCHÜSSEL: I find ja, ein Witz pro Stunde wär genug.
STOIBER: Mei! Und da heißt's immer, Ihr Österreicher habt's so viel Schmäh.

SCHÜSSEL: I net. An mir schätzt das Volk vor allem meine staatsmännische Gelassenheit, weißt.
STOIBER: Von Dir kann ich noch viel lernen.
SCHÜSSEL: Glaub ich auch.
FOTOGRAF: Herr Bundeskanzler!
STOIBER: Ja, bittschön!

5. 8. 2002
Geheimtreffen

Beim gemütlichen Beisammensein der verantwortungsvollsten europäischen Politiker in Kärnten zeigte sich, dass der Weg zur rechten Internationale noch steinig werden wird.

HAIDER: A – be – bu – und – drauß'd – bist – du! Tuat ma leid, Filip, i hab gwunnan.
DEWINTER: Das war nicht fair!
HAIDER: I gib da no a Chance, i bin ja net so: Da – Voda – hat – gsagt – den – soll – i – nehma. Scho wieder gwunnan!
DEWINTER: Sei nicht so kindisch. Es ist doch wohl sonnenklar, wer der Führer sein muß.
HAIDER: Mir scho. Jetzt muaßt es nur no du einsehen.
BORGHEZIO: Il Duce? Ragazzi! Umberto Bossi, senza domanda!
HAIDER: Kann net amoi Deitsch und wü mitreden.
MÖLZER: Kameraden, i hab da den Le Pen am Handy. I soll euch ausrichten: Es kann nur einen geben.
HAIDER: Siechst? Der sagt des a.
DEWINTER: Er meint natürlich mich. Es sind ja doch nicht alle Franzosen zum Vergessen.
MÖLZER: Was sagst Jean-Marie? Aha. Er sagt: Moi, putain!
HAIDER: Wer is des wieder?
MÖLZER: Er meint si söba.
DEWINTER: Sag ich doch: Alle Franzosen sind zum Vergessen.
HAIDER: Leg auf, Mölzer. Mit denan gibt's für die FPÖ ka Basis für a Zusammenarbeit. Da miassat ma ja mit'n klanan Anmoians anfangen.

DEWINTER: Genau. Also können wir uns jetzt endlich auf mich einigen?

HAIDER: Geh, bitte! I hab scho auf Ausländer gschimpft, wia du no in de Windeln gschissen hast.

BORGHEZIO: Bossi!

HAIDER: Wia da Mussolini. Der hat damals a nix kapiert. Sunst hätt ma ja net verloren.

MÖLZER: I glaub, wir miassn uns vertagen.

12. 8. 2002
Headhunter

Die FPÖ ist auf der Suche nach dem bestqualifizierten Nachfolger für PVA-Generaldirektor a. D. Reinhart Gaugg

HAIDER: Na, des kommt überhaupt net in Frage.
HAUPT: Wieso net? Er is Olympiasieger, Wödmasta und er hat Matura.
HAIDER: Und er studiert eh erst seit siebzehn Jahr Betriebswirtschaft.
HAUPT: Naja, er vertieft si hoid wirklich in de Materie ...
RIESS-PASSER: I bin a gegen den Ortlieb. Der macht si ganz guat als Tiefgaragenbeauftragter, oiso soll er's bleiben. Wie warats denn eigentlich mit ana Frau?
HAIDER: De Sickl?
HAUPT: De Zierler?
HAIDER: De Forstinger?
RIESS-PASSER: O.k. Ka Frau.
HAIDER: Wer hat si sunst no beworben?
HAUPT: Da Stadler is sehr interessiert. Er sagt, die PVA warat des richtige für eam, weu a eh gern mit Leut z'tuan hat, de den Kriag mitgmacht ham. Er hat a scho an Vorschlag für a Imätschkampagne. Der Slogan haaßt: »Großvater, wir danken dir.«
HAIDER: Da gibt's frisch wieder an Wirbel. Und für sowas bin i zuaständig. Wer no?
RIESS-PASSER: Da Kabas hat a Fax gschickt. Er fragt, ob er a an Wondervertrag kriagert. Und warum der Vertrag eigentlich so haaßt, wia a blinder Negermusikant.

HAUPT: Manchmal denk i mir, i hätt glei Tierarzt bleiben kennan.

HAIDER: Bei der Auswahl bis jetzt tät's mi net wundern, wenn der Rosenstingl a no daherkummt.

RIESS-PASSER: Ah, den hab i jetzt vergessen. Der hat eh scho angruafn. Und da Schmid Michl a. Er sagt, er kummt mit seiner Pension so schlecht aus.

Haider: Manchmal bin i nur noch müde ...

26. 8. 2002
Jobhopper

Das hartnäckige Gerücht, Jörg Haider plane, sich bei einem Sonderparteitag wieder an die FPÖ-Spitze zu setzen, läßt vor allem zwei Regierungsmitglieder bereits Veranlassungen treffen.

RIESS-PASSER: Und dann schreib' i no eine: Tausend Silben pro Minute.
GRASSER: Beachtlich. Net amol mei Sekretärin kann so schnöll stenografieren.
RIESS-PASSER: I a net. Oba reden.
GRASSER: Lass mi raten: Du wüllst Gurkenhobeln verkaufen.
RIESS-PASSER: Sehr witzig. Lass du amoi hören, was in dein Bewerbungsschreiben drinsteht.
GRASSER: Olso guat: Lieber Frank!
RIESS-PASSER: Des isses?
GRASSER: Vül mehr wird's net wern.
RIESS-PASSER: Und machst dann bei Magna wieder des, was du früher gmacht hast?
GRASSER: Vielleicht. Oba vielleicht hackl i diesmol a was, werma sehen.
RIESS-PASSER: Du hast es guat. Jetzt hilf ma a bissl: Ehrgeizig, eloquent, loyal … was soll i no schreiben?
GRASSER: Belastbar. Nicht demütigbar.
RIESS-PASSER: I glaub, des letzte is a bissl z'vü. I maan, i wü ja net Gutsverwalterin im Bärental werden.
GRASSER: Du hättst a große Chancen auf den Job. Da nahmert der Alte sogar no liaba an Slowenen.
RIESS-PASSER: Und i warat sogar no liaba Pressesprecherin von SOS Mitmensch.
GRASSER: Dabei habt's ihr eich amol so guat verstanden.

RIESS-PASSER: Eh. So lang i eam no de Wurschtsemmeln gholt hab, war alles in Ordnung.

GRASSER: Bei mir war's in Wirklichkeit in dem Moment aus, wia i mit eam nimmer in de Sauna gehen wollt.

RIESS-PASSER: Du, wenn i bei mir no eineschreib »führungsstark« – glaubt ma des wer?

2. 9. 2002
Die liebe Familie

Die geheime Aussprache der FPÖ-Spitzen lief so ab, wie man es gerade von dieser Partei erwarten darf – streng sachlich und frei von persönlichen Eitelkeiten und Untergriffen.

GRASSER: Jörg, jetzt sei do vanünftig. De Steuerreform ...
HAIDER: I waaß net, i hör da a Stimm – oba sehn tua i niemanden.
GRASSER: Jaja, i waaß, für di bin i gstorbn. Trotzdem ...
HAIDER: I hör scho wieder was – Himmel, ihr treibt's mi so weit, dass i sogar scho Halluzinationen kriag. De hab i sunst nur am Ulrichsberg. Oba durt san's scheena.
RIESS-PASSER: Jörg, es muaß doch möglich sein ...
HAIDER: Na.
RIESS-PASSER: ... dass ma amoi a eigene Meinung ...
HAIDER: Es undankbaren Gfraster! Da strudl i mi sechzehn Jahr ab und dann kummts ihr mir auf amoi mit ana eigenen Meinung! Wo samma denn? In ana Altpartei?
GRASSER: I hab's eich glei gsagt: Des is komplett sinnlos.
HAIDER: Ma, de Stimmen hören net auf. Hat wer a Kopfwehpulver?
WESTENTHALER: I hab a Asbirin.
HAIDER: Nimm zerscht söba ans. Damit i sicher bin, dass es ka Ratzengift is.
RIESS-PASSER: A klarer Fall von Paranoia.
WESTENTHALER: Genau. Und von Verfolgungswahn.
HAIDER: Oho, unser profilierter Nationalökonom is auch medizinisch a ziemlicher Chef! Meld di am

besten glei im AKH, de brauchen immer wen, der de Leibschüssln auslaart.

RIESS-PASSER: I find, des sollt eher derjenige von uns machen, der gern stinkerte braune Sachen angreift. Wisserst du da wen, Jörg?

HAIDER: So. Jetzt reichts. Aus dir mach i Lammkotelett.

9. 9. 2002
Duell

Dass in der aktuellen FPÖ-Krise gerade zwei der größten Sympathieträger besonders hart aneinanderkrachen, ist ausgesprochen betrüblich.

STADLER: Wie bitte?
WESTENTHALER: Du hast mi scho richtig verstanden, Narbengsicht: An Schritt näher und du frißt dei damisches Burschnkappl.
STADLER: I hab dem Jörg scho immer gsagt, dass a slawischer Prolet bei uns nix verlorn hat. Jetzt siecht er's a ein. Geh do zu de Schwarzen. Und nimm dei Vize-Funsen glei mit.
WESTENTHALER: Und i hab der Susi scho immer gsagt, dass a germanischer Hirnwichser net Volksanwalt sein sollt. Jetzt siecht sie's a ein.
STADLER: Dass du an ihrer Kittelfalten hängst, weiß eh jeder. Aber, sag: Gibt sie dir a no manchmal die Brust, Bubi?
WESTENTHALER: Na, leider. Aber wenn i amoi an Gusto krieg, dann schau i bei dir daham vorbei. Nachdem dei Oide jedes Jahr an klanan Arier werfen muaß ... Wüvüle hast denn jetzt eigentlich scho? Ma verliert so leicht den Überblick.
STADLER: Wenn du Untermensch satisfaktionsfähig wärst, dann tät i jetzt meinen Säbel holen!
WESTENTHALER: Na geh, dann schneidst di wieder. Bist eh scho so schiach.
STADLER: Besser schiach als bled.
WESTENTHALER: Sag, a Frag hab i no: Wenn wir alle weg san – wirst du dann Minister? Oder machst do endlich dei Hobby zum Beruf und gehst Kriegerdenkmäler sauberlecken?

STADLER: Und was machst du als Politrentner? Suachst da a Hausmeisterwohnung?
WESTENTHALER: Hol dein' Säbel. Und bring mir den vom Achatz mit.

16. 9. 2002
Vorhang

Vor der öffentlichen Verkündung des schwarzblauen Endes informierte der Bundeskanzler natürlich einen ehemaligen guten Freund.

SCHÜSSEL: Du weißt, was jetzt kommt, oder?
HAIDER: Sag mir, dass ma weitermachen. Was anderes wüll i net hören.
SCHÜSSEL: Dann schreib i da vielleicht besser an Brief.
HAIDER: Na geh, jetzt bin i eh scho angschlagen, weil mein erfolgloses Ringen um an Kompromiß so a herbe persönliche Niederlage war. Nimm do a bissl Rücksicht.
SCHÜSSEL: Geh bitte, heb da de Löwinger-Schmäh für dei Bierzelt-Tournee auf.
HAIDER: Wie redst denn du mit mir? Denk amol noch, wem du alles zu vadanken hast, Nummer drei!
SCHÜSSEL: Genau darüber hab i in de letzten Tag viel nachdacht.
HAIDER: Na und, dann wähl ma halt. Mir do wurscht. Mi gibt's nachher a no. Oba du wirst dann Tauberln füttern.
SCHÜSSEL: Und du wirst di halt im aufregenden Klagenfurt mit deine Zechn spielen. Weil dort kommst garantiert nimmer ausse.
HAIDER: Ha! Des schau ma uns an! Du vergißt, wen du vor dir hast! Die Ikone aller freien Denker Europas! Den Mann, der jede Wahl gewinnt!
SCHÜSSEL: Na, dann wirst ja sicher als Spitzenkandidat gehen, net?
HAIDER: Sofort! Wenn i net meinen geliebten Karntnern im Wort wär ...

SCHÜSSEL: Hosenscheißer!
HAIDER: Brüllnschlangen! Nudeldrucker! ... Du, oba wann's a si nachher do no amol ausgangert mit uns ...?
SCHÜSSEL: Du weißt: Ich bin kein Ausgrenzer.

Bildnachweis

APA: S. 10, 18, 25, 38, 49, 58, 71, 80, 84, 96, 106, 116, 129, 144

AP: S. 31, 157, 162, 168

Astrid Bartl/profil: Cover; S. 139

Die Rechtslage bezüglich der reproduzierten Bilder wurde – soweit möglich – sorgfältig geprüft; eventuelle berechtigte Ansprüche werden vom Verlag in angemessener Weise abgegolten.

Band: 619
2., aktualisierte Auflage
PERLEN-REIHE
Wien–Frankfurt/Main
Alle Rechte vorbehalten
Fotomechanische Wiedergabe bzw. Vervielfältigung,
Abdruck, Verbreitung durch Funk, Film oder Fernsehen
sowie Speicherung auf Ton- oder Datenträger,
auch auszugsweise, nur mit Genehmigung des Verlages.
© PERLEN-REIHE in der Franz Deuticke Verlagsges.m.b.H.
A-1010 Wien Hegelgasse 21
http://www.deuticke.at

Umschlag: Erich Schillinger
Layout: typic®/wolf
Korrektorat: Lisa Singer
Herstellung: Josef Embacher
Druck: Laber Druck, Oberndorf
Printed in Austria
ISBN 3-85223-467-0